强化监督执纪 保障精准扶贫

——全国扶贫领域腐败案件警示录

QIANGHUA JIANDU ZHIJI
BAOZHANG JINGZHUN FUPIN

国务院扶贫开发领导小组办公室 ◎编
中国纪检监察报社

人民出版社

前　言

　　党的十八大以来，中央把脱贫攻坚纳入"五位一体"总体布局和"四个全面"战略布局进行决策部署，习近平总书记亲自研究、亲自部署、亲自推进、亲自督战。到2020年实现贫困人口脱贫、贫困县全部摘帽，这是我们党和政府向全国人民、向全世界作出的庄严承诺，是一项重要的政治任务，必须以完善的制度措施，严格监督管理，努力实现廉洁扶贫、阳光扶贫，坚决打赢脱贫攻坚战。

　　做好扶贫领域监督执纪问责工作，强化扶贫资金项目监管，是贯彻全面从严治党的必然要求。2013年元旦前夕，习近平总书记在河北阜平考察扶贫工作时说："我非常不满意，甚至愤怒的是扶贫款项被截留和挪作他用。"2014年6月，习近平总书记在听取中央巡视工作汇报时强调："贫困地区贪扶贫救济的钱，恶行令人发指！查处惩戒力度还要加大。"扶贫领域腐败，危害性大、社会容忍度低、人民群众反映强烈，影响党在群众中的形象，侵蚀党的执政基础，必须从严从重治理。做好扶贫领域监督执纪问责工作，强化扶贫资金项目监管，是打赢脱贫攻坚战的必然要求。王岐山同志指出："以严明的纪律为打赢脱贫攻坚战提供保障"。随着脱贫攻坚的不断深入，政策措施更加密集，资金投入不断加大，必须加大监督执纪问责力度，确保中央决策部署落实到位，资金使用安全有效，提高脱贫成效。做好扶贫领域监督执纪问责工作，强化扶贫资金项目监管，是维护贫困群众切身利益的必然要求。扶贫资金是贫困群众的"保命钱""救命钱"，事关贫困群众的根本利益，通过强化监督执纪问责，解决好人民群众反映强烈的问题，才能真正把党的好政策落到实处，让贫困群众得到实惠。

长期以来，纪检监察机关在推动脱贫攻坚政策措施落实、加强扶贫资金监管等方面发挥了重要的作用。中央纪委历次全会都将查处群众身边的不正之风和腐败问题作为年度的一项重要工作，2016年4月、2017年7月中央纪委召开会议，研究部署扶贫领域监督执纪问责工作。国务院扶贫开发领导小组办公室按照中央和中央纪委的要求和部署，认真落实中央脱贫攻坚决策部署，加强统筹协调，加大督查考核，强化责任落实，完善扶贫资金项目管理监督和以结果为导向的资金分配机制，将扶贫资金项目审批权限下放到县，开展贫困县资金整合工作。健全公示公告制度，设立"12317"扶贫监督举报电话和主任信箱，加强审计整改，与最高人民检察院开展集中整治和预防扶贫领域职务犯罪专项工作。通过多措并举，扶贫领域违纪违法问题得到了一定遏制。但也要清醒地看到，在实际工作中仍存在不少薄弱环节和问题。有个别基层单位和基层干部法纪观念淡薄，渎职失职和利用职务之便挤占挪用、层层截留、虚报冒领、优亲厚友、挥霍浪费扶贫资金等问题时有发生。有个别干部不敢面对困难，开拓意识不强，存在着"不作为""懒作为"。有的地方仍重"面子"重"形象"，在落实贫困县约束机制、反对"四风"和严格落实中央八项规定精神上不到位。在深入实施精准扶贫精准脱贫，扶贫资金项目审批权限下放和贫困县统筹整合使用资金等新形势下，资金延压、闲置等新问题又逐步显现，进一步做好扶贫领域监督执纪问责工作任重道远。

　　为切实推进扶贫领域廉政建设和反腐败斗争，筑牢思想防线，做好源头防腐，国务院扶贫开发领导小组办公室、中央纪委中国纪检监察报社紧扣扶贫领域近几年来的违纪违法个案，联合编写了这本《强化监督执纪　保障精准扶贫——全国扶贫领域腐败案件警示录》，共收录了73起典型案例，涉及贪污、受贿、挪用、渎职等常见的职务犯罪，旨在以身边的人和事为大家提供一些警示，希望广大基层扶贫干部以此为鉴、以此为尺，不忘初心，慎用手中权，一丝不苟守护好贫困群众的"保命钱""救命钱"，同时也希望通过这本书，引导和告诫全体扶贫干部常修为政之德，常思贪欲之害，常怀律己之心，做到自律、自重、自省，自觉地筑起拒腐防变的心理防线，不断提高拒腐防变能力，为坚决打赢脱贫攻坚战贡献力量。

目　录

扶贫岂能优亲厚友

——福建省诏安县西潭乡原副乡长
钟武钦严重违纪问题剖析

"奇怪？为什么这个美营村享受生产性扶贫补助资金的户数比其他村的多？而上营村却一户都没有？"2015年11月，福建省诏安县组织开展2014年度生产性扶贫补助资金使用情况专项检查，当检查组在西潭乡（现为西潭镇）检查时，上述问题引起了检查组的注意。

"其中必有'猫腻'。"问题线索引起县纪委主要领导的高度重视，当即指示启动调查程序。

补助指标分配中特别"照顾"老家村

西潭乡位于诏安县的西南部，是一个农业大乡，辖区群众大多以农业生产为生。为响应国家扶贫攻坚号召，帮助个别困难农户尽快脱贫致富，2015年3月，诏安县扶贫办下达给西潭乡2014年度生产性扶贫补助资金32户指标，每户补助2000元。金额虽然不大，但对于特别困难的群众来说无疑是"救命钱"。

作为镇分管扶贫工作的副乡长钟武钦，并没有把此事放在心上，只是口头向镇主要领导简单汇报了一下分配计划，便匆忙召开由村主任、统计员参加的工作会议进行分配。虽然主观上对此项工作消极应付，但在具体分配名额上，钟武钦又特别重视，看似矛盾的行为背后，藏着他内心的

"小九九"。

钟武钦第一次对32户指标进行分配时，以西潭乡上营村没有派人参加会议，不重视扶贫工作为由，自作主张取消该村的补助指标。剩下的16个村每个村2户名额。

随后不久，县扶贫办给西潭乡追加4户指标，在其他村不知情的情况下，钟武钦悄悄地安排给了自己的老家美营村。

"我就想着美营村是少数民族村，人口多，我作为这个村土生土长的人，还是要给村里多做贡献。"当调查组就此要求其作出解释时，钟武钦还强词夺理，"所以就把第二次的4个指标全部给了美营村。"

就这样，在未经镇班子会研究的情况下，钟武钦分配给自己老家美营村6个名额，其他15个村每村仅分配到2个名额，还有1个村1个名额都没有。

有车有公司者却成扶贫对象

倘若这36户均符合补助条件也算达到政策目的。然而，调查人员对36户补助对象详细调查后又有了新发现，有的补助对象家里已经购买了汽车，有的补助对象家属是个体工商户，有的补助对象家属甚至注册了公司，这些情况显然不符合生产性扶贫补助的要求。

据了解，按照诏安县扶贫办的要求，2014年度生产性扶贫资金的补助对象必须在已经建档立卡的贫困户中筛选，不能随意申报。既然是在建档立卡的贫困户中筛选，为何出现有车有公司的人分到指标的情况呢？调查人员顺藤摸瓜，对西潭乡2014年贫困户建档立卡工作进行仔细排查，发现竟有67户不符合贫困户建档立卡的有关要求。

这么重要的工作，却一再出错，原因何在？

"在开展贫困户建档立卡工作时，由于户数多，时间紧，我就没有按照上级要求逐户调查核实，信息存在不准确的情况，录入信息系统时也存在个别填写不规范、漏报的情况。"面对调查人员的询问，钟武钦终于意识到了自己的错误,"各村上报的补助对象也是从扶贫对象建档立卡信息系统中调取相关材料,我没有组织入户调查,认真审核、核对相关信息,只是简单的指示工作人员上报。"

"西潭乡共有6户不符合领取补助资金的对象,他们是否与你存在社会关系?"调查人员继续追问。

"有一户是我的宗亲。美营村在上报补助对象时我看到名单里有我宗亲的名字,我想反正也是贫困户就让村里照顾一下。村里也按照我的意思上报了,但是我对他的家庭情况实际上并不了解,没想到他其实不符合补助条件。"事实面前,钟武钦终于惭愧地低下了头,"作为分管领导,我在贫困户建档立卡和补助名额分配中,认识不到位,工作不扎实,优亲厚友,给西潭乡的扶贫工作带来了负面影响。"

扶贫工作不能有丝毫麻痹大意

2016年8月,诏安县纪委给予钟武钦党内警告处分并在当地通报,在群众中引起了热议。

有村民告诉记者,一些扶贫的优惠政策往往是等到公示了,"人头定了"大家才知道,虽然也知道公示出来的人有"够不上"的,但都是乡里乡亲,知道了也不能说什么。

"那天村里在公示我就怀疑有问题了,比如我就看到我们村一户家庭条件在村里还属于中上的竟然也在列,我当时就摇了摇头。说白了,同一个村谁个穷谁个富,我们心里都是一清二楚的,你乱来,群众看在眼里、骂在心里。"西潭乡美营村村民老钟说。

"钟武钦被党纪处分,实实在在地给我提了个醒,不管是贫困户建档立卡还是补助分配,都是国家扶贫政策的具体落实,关系群众切身利益。不能有一丝一毫的麻痹大意。"诏安县扶贫办一工作人员说。

针对该案暴露出来的问题,诏安县纪委迅速抽调县扶贫办、县财政局、县审计局等部门人员组成检查组对全县扶贫领域进行检查,检查范围从生产性扶贫补助资金延伸到扶贫对象识别、扶贫项目安排、扶贫资金使用等，并相继出台了《诏安县扶贫资金常态化监督检查试点工作方案》《诏安县扶贫领域专项检查工作方案》等文件，进一步堵塞漏洞，护航精准扶贫。

胆大妄为，借扶贫政策"发家致富"

——福建省宁德市老区办原主任郎华安严重违纪问题剖析

福建省宁德市是土地革命和抗日战争时期中国共产党创建的革命根据地所在地之一，全市老区人口330多万，其中，老区基点村161个，涉及扶贫开发重点村36个。近年来，宁德市委、市政府投入大量资金，全力推进老区发展，成果丰硕。

然而，宁德市通过信访举报、项目审计等发现，有人把国家扶贫政策当成"发家致富"的大好机会，借老区扶贫项目申报、资金拨付等事项肆意敛财，影响恶劣。这些问题线索，直指市民政局原党组副书记、副局长，老区办原主任（正处级）郎华安。

2016年12月，宁德市中级人民法院判定郎华安利用职务便利，在老区项目申报、老区资金拨付中为他人谋取利益，非法收受相关单位及个人贿赂42.76万元，以受贿罪判处其有期徒刑3年。

本应服务基层单位，他却"顺便"要求报销发票

郎华安为老区服务本是职责所在，可他却以此为据，恬不知耻地向帮助过的单位要好处。执纪人员表示，郎华安向基层单位索贿，一般先主动在老区建设项目、扶贫资金拨付上提供帮助，然后"顺便"要求基层单位帮助报销个人发票，这种伎俩，他屡试不爽。比如，2011年3月，他为古田县平湖镇端上村修路资金拨付提供帮助，之后便主动联系平湖镇党

委原书记魏某某，要求报销发票1.5万元。利用这种手段，他先后向十多家单位索贿。

郎华安"关注"的扶贫项目，一些是基层单位或个人主动申报的，一些则是他主动"要求"基层申报的。比如，蕉城区某乡镇领导反映，2010年的一天，郎华安打电话给他，主动表示当地一科技示范园项目可以申报资金扶持，让该乡镇赶紧组织材料申报。乡镇主要领导觉得该项目可申报扶持的资金少，且手续烦琐，本不想申报，但碍于郎华安面子，勉强口头应承。岂料不久之后，郎华安就打电话催促，并要求乡镇在项目资金拨付后，帮他报销几千元发票。很快，需要报销的发票就寄到了该乡镇。

执纪人员表示，郎华安连宴请亲朋好友的饭钱，也要求有关单位"处理"。2011—2012年，他在福鼎请亲友吃饭，餐后要求福鼎市老区办结账，前后7次共计9882元，均在当地老区办报销。

"只是小打小闹，纪委不会查到我头上"

"我母亲都80多岁了，怎么经受得起这么大的打击……落到今天这个下场，我罪有应得。我辜负了组织30多年的培养，从心灵深处感到惭愧。"面对铁窗，郎华安回想起自己一步步滑向违纪违法深渊的过程，悔恨不已。

郎华安作为老区办一把手，本应发挥"关键少数"的带头作用，在扶贫攻坚战中发光发热。然而，他放松学习，不思进取，业余时间只顾胡吃海喝，全然忘记了党员干部必须要守住的底线。落马后，执纪人员发现其纪律意识淡薄到了极点，"他甚至觉得单位的钱就是自己的钱，想给谁就给谁，全凭自己说了算"。

落马后，郎华安表示，看着打了那么多的"老虎""苍蝇"，虽然震惊，但完全没有想到自己也会有这么一天。他觉得自己只是吃吃喝喝，拿个百八十的，平均下来每年才三四万，数目不大，只是"小打小闹"，纪委不会查到自己头上。正是这种侥幸心理，让他肆无忌惮，步入深渊。

执纪人员表示，郎华安接受组织调查时恰好 59 岁，与一般的"59 岁现象"不同的是，他不是趁着退休之前狠狠地捞一笔，而是细水长流，蚂蚁搬家，最大的一笔也不过几千元，受贿时间跨度长达十多年。临近退休时，他自以为能"安全着陆"，不料天网恢恢，最终难逃惩处。

健全工作机制，扎紧制度笼子

郎华安对老区扶贫资金"雁过拔毛"，影响恶劣，教训深刻。

工作机制不健全，权力寻租空间大。一是扶贫工作管理体制不健全。老区办在政府部门中排名靠后，但钱多权力大，基本由老区办负责人说了算，行使权力具有很大的主观性和随意性。如 2012 年，郎华安因购买药品与在福鼎市城区开药店的叠石乡库口村村民赵某相识，赵某正在筹集资金为库口村修路，便向郎华安求助，果然很快就得到资金支持，之后赵某为郎华安报销个人发票 9000 元。二是扶贫资金管理机制不健全。由于扶贫资金主管部门只注重原始单据合规性、合法性，忽视扶贫项目管理过程参与和工作真实性审核，导致扶贫资金管理和拨付混乱。三是项目单位"养虎为患"。为了和扶贫部门建立良好关系，项目单位认为只要自身利益不受损失，对扶贫部门的要求"来者不拒"。如 2008 年，郎华安为福安市赛岐老区科技示范园项目资金申报提供帮助后，要求在赛岐镇政府报销一些发票，项目补助款到手后，镇政府迅速给他报销了发票。

监督措施乏力，致使权力运行失去有效制约。一是上级监督缺位。扶贫项目实行县级审批、市级审核、省级备案，上级扶贫部门只对下级扶贫部门进行业务指导，无法进行有效监督。虽然同级政府具有监督职能，但大多数政府分管领导重业务轻党建，主体责任落实不到位。二是内部监督乏力。2015 年老区办与民政局党组归口，机构改革期间，监管出现真空。三是外部无从监督。老区扶贫资金划拨大多没有纳入公共财政预算，实行层层下拨，封闭运行，群众缺乏信息无从监督。

侵吞补偿款，"硕鼠"一窝端

——福建省漳州市龙文区步文镇征迁违纪窝案剖析

2014年10月，福建省漳州市龙文区纪委监察局力纠损害群众利益问题，通过对步文镇"锦绣碧湖"项目（05地块）的检查发现，部分征迁户赔偿款存在"赔偿标准与赔偿方案不符"等情况。"这里面肯定有猫腻！"检查组人员当即向区纪委主要领导汇报了情况。

"彻查此事！不放过任何顶风违纪者……"龙文区委对此态度坚决。

村支书盯上征迁补偿款

"兄弟，这可是一块'肥肉'啊。我不好出面，你们出手，抓紧时间搭建简易房！到时候一拆迁，政府的补偿款，咱哥几个二一添作五……"碧湖村原党支部书记兼村委会主任庄水秋，获知原碧湖小学旧校址已被列入拆迁范围后，面对前来与他商量"发财之道"的几位村民露骨地说。

双方一拍即合，村民郑某榕、严某坤、严某国3人决定出资35万余元进行违规建设。狡猾的庄水秋并未出资，却与3人约定：征迁补偿款4人均分。最终，3处违建房以"村集体财产"的名义，获得全额补偿400万元！

"这位村支书看似'老谋深算'，但利令智昏，怎么逃得过查处。"谈起此事，龙文区纪委常委林锦顺说。

执纪人员介绍，早在2014年1月，庄水秋就与该村党支部原副书记严玉杰、第八村民小组原组长严智勇等三人沆瀣一气，合谋由严智勇搭建简易房骗取征迁补偿款。庄水秋利用职务便利，通过征迁组原组长林振顺等人的关系，隐瞒实际建设日期，对简易房进行测绘丈量，并于同年9月与步文镇人民政府签订了征收补偿协议，骗取征地补偿款61.2944万元，庄水秋、严玉杰、严智勇各分得14.5万元。

在整个项目的征迁过程中，庄水秋还多次向相关人员行贿共计15.9万元。

2014年12月，征迁组相关人员涉嫌违纪被调查，庄水秋为掩饰违纪行为，将上述违纪所得14.5万元退还给严智勇，并与严玉杰、严智勇串供，对抗组织审查。

继续深挖，查出"一窝鼠"

经查，将国家对拆迁房屋的赔偿款视为"肥肉"的"大老鼠"，可不止庄水秋、严玉杰等人。

执纪人员翻阅一本本赔偿账册，耐心寻找蛛丝马迹，从已查出的违纪对象入手，挖出了隐匿的一窝"硕鼠"。

经查，征迁工作组原副组长、原技术组长吴山艺，6次通过虚构被征迁房屋附属物、提高征收补偿标准等方式为他人牟利，共造成国家经济损失458.653万元，并先后15次收受9名被拆迁人共计30.8万元。

征迁工作组原组长、步文镇党委原副书记林振顺，违反征收补偿安置有关规定，虚构被征收建筑物附属物，提高建筑物征收补偿标准，对明知不能给予补偿的建筑物给予补偿，对个人所有的建筑物以集体所有形式给予补偿，共造成国家经济损失417.67万元，并从中收受他人财物共计24万元。

最终，该案共查处涉嫌违纪人员13人，11人被移送司法机关依法处理。

自家的猪肥了，群众的心寒了

——甘肃省正宁县永和镇樊村村委会原主任、村扶贫互助协会原理事长刘增超违规借贷扶贫互助资金案剖析

2016 年 8 月 1 日，甘肃省纪委通报了 4 起扶贫领域侵害群众利益的不正之风和腐败问题，正宁县永和镇樊村村委会原主任、村扶贫互助协会原理事长刘增超违规借贷扶贫互助资金问题就是其中一起。

多次冒用他人名义违规借款

2016 年 5 月，正宁县在扶贫领域"两查两保"专项巡察中发现永和镇樊村扶贫互助协会存在大额提取现金、直接用现金向会员放款的问题。该协会资金为省级财政下拨的扶贫专项资金，按规定只能通过转账的方式把钱汇入会员农户"一折通"账号，以防止套取。针对这一线索，县纪委立即展开调查。

"在调查之前，我们通过乡镇分管扶贫资金的有关人员了解到，该村扶贫互助协会日常运行和账务资料都由刘增超一人负责。为此，我们多次督促其提供账务台账，但刘增超以人不在为由拒绝提供任何资料。"调查组相关人员说，"对此我们果断调整调查思路和方式，从借款人入手了解情况。"

调查组先后走访该村 30 多户借了扶贫互助资金的村民，受访的绝大多数村民对自己名下有借款的事并不知情。但在随后调查过程中，有群众

反映："刘增超打电话说他在我名下借了款，调查组来我家调查时，就说是我自己借的。"针对这一情况，调查组判断可能存在串供问题，立即找刘增超谈话。

刘增超一开始一口咬定钱都是群众自己借的，与其个人无关。面对这种情况，调查组给他摆事实、讲道理，并进行现场教育，最终刘增超承认并交代了问题。

"在群众名下借的这20万元，全部用于我家养猪场经营，这些钱救活了我的养猪场。"刘增超坦白道。经查，2013年至2015年间，他利用职务便利，用他人证件、以他人名义先后3次借出扶贫互助资金20万元，全部用于个人养猪场经营。

东窗事发被严惩

作为基层党员干部，本应该成为带领群众脱贫致富的"领头雁"，但刘增超为了发展自家的养猪场，向扶贫资金伸手，侵害了群众利益。

"他只顾经营家里的养猪场，对村里的事操心不多，开始还指望他带领我们致富哩，没想到他弄出这种事来，如果上面不查，我们都还不知道。"樊村村民刘某说。有的群众知道刘增超以自己的名义贷款的情况后很气愤，上门找他理论，还发生了口角。

"我深感后悔，会尽快把钱归还，今后将以合格党员标准严格要求自己，真正成为群众脱贫致富的带头人。"刘增超说。

尽管刘增超在调查期间，已将资金本息归还，但违纪必受严惩。2016年6月，正宁县纪委给予刘增超党内严重警告处分，建议免去其村扶贫互助协会理事长职务。同年9月，刘增超以挪用资金罪，被判处有期徒刑1年，缓刑2年。

"理想信念不坚定、党性意识不强、法纪观念淡薄是刘增超走上违纪违法道路的根本原因。"正宁县纪委相关负责人说。

监督缺位必问责

刘增超作为樊村村委会主任兼村扶贫互助协会理事长，本应严格按照协会章程办事，但在协会运行过程中，他没有向社员和监事会及时通报资金流转和账目管理情况，不主动接受监督，甚至对上级的督查和群众的质疑遮遮掩掩、推三阻四，群众对此反映强烈。

"一个人借这么多钱，社员都不知道，监事长管没管我也不清楚，如果对互助协会再不好好管理，迟早还会出问题。"村扶贫互助协会社员李某说。

李某口中的监事长由该村村委会副主任李养存兼任。作为监事长，李养存对协会资金流入、借贷和运行情况不明、底子不清，一问三不知，没有及时履行监督责任，为刘增超违规借款提供了可乘之机。基于此，该镇党委对李养存实施了诚勉谈话。

"他是村主任，我是副主任，有时候多说几句，他就表现得不高兴，我也就懒得说了。我是监事长，曾经去银行查过协会资金运行情况，因为不知道账号，没查成。后来由于忙家里的事情，对协会的事过问得也少了。"李养存说，"要知道会出事，我多给他提醒着，也不会有今天这样的结果。我确实没有监督好，今后我会严格履行监督责任，确保扶贫资金安全。"

权力失去监督必然导致违纪违法问题发生。"这一案例，再次警示我们，充分发挥上级监督、群众监督和自身监督作用是保障扶贫政策落实、扶贫资金安全运行的重要手段，也是确保基层党员干部廉洁用权、健康成长的关键所在。"正宁县纪委相关负责同志说。

以争取为名行套取之实

——甘肃省榆中县来紫堡乡黄家庄村党支部原书记
施玉山套取项目资金案剖析

2016 年 7 月 4 日，甘肃省纪委公开通报 5 起扶贫领域侵害群众利益的不正之风和腐败问题，榆中县来紫堡乡黄家庄村党支部原书记施玉山等人套取项目资金问题为其中一起。

据通报，黄家庄村在实施易地扶贫搬迁试点工程中，施玉山与村委会原主任邸兆青虚开工程发票套取专项资金 116.17 万元，虚列项目套取专项资金 58.06 万元，共套取资金 174.23 万元，纳入村委会账务。施玉山、邸兆青受到留党察看 2 年处分，违纪资金上缴财政。

为争取资金便虚开发票虚列项目

2007 年，来紫堡乡黄家庄村实施易地扶贫搬迁试点项目，该项目采取财政报账制，按项目工程完成进度拨款。

该村在项目实施过程中，工程进度没有达到要求，为将资金争取到位，时任村党支部书记施玉山、村委会主任邸兆青等人便通过虚开工程发票的方式，虚报专项资金 116 万余元。

2008 年，黄家庄村被确定为县新农村建设试点示范村，该村道路硬化、衬砌 U 型渠、铺设管道等 8 个项目已通过自筹资金的方式实施。然而为了多争取资金，施玉山等人又将这些项目列入新农村建设项目上报，套取项目资金58万余元。

2016年1月，榆中县纪委接到上级纪委的函，要求核查群众反映的榆中县干部侵害群众利益问题的线索。县纪委高度重视，立即成立核查组，向举报人了解情况，询问相关人员，调取银行交易明细、银行交易凭证、乡村会计凭证等材料，最终发现该村原党支部书记施玉山、原村委会主任郗兆青等人违规虚报套取项目资金的问题。

经查，黄家庄村新农村建设项目虽然采取财政报账制，资金按进度拨付，且由乡财政对村级财务进行监管，但制度执行不严格，监管乏力，给施玉山、郗兆青等人提供了可乘之机。

漠视纪法自酿苦果

"有些村干部胆子大得很，发展下去违纪违法是必然的事情！"调查人员向村民调查核实情况时，有村民说道。

调查人员曾问施玉山和郗兆青："你们知不知道这样做违纪?"

两人坦然地说："我们也知道这样做不对，但想着为了村里发展，个人没贪，就没想太多。"

施玉山、郗兆青作为党培养多年的基层干部，理应熟知党规党纪，但他们却无视纪律，在违规违纪的道路上越走越远，最终酿成大错。

经过调查人员耐心细致的教育，施玉山、郗兆青认识到自己的错误，积极配合县纪委调查，及时上缴套取的资金，表示将认真反省，承担相应责任。

问题查清后，榆中县纪委分别给予施玉山、郗兆青留党察看2年处分。

制度就得抓落实

惠农资金体现了党和国家对农村、农民的关怀，村干部职位虽然不高，但一头连着基层群众，一头连着党和政府。纪检监察机关要切实加强对基层干部权力的监督，完善惠民资金的流程管理，充分保障基层群众的知情权和监督权，让权力在阳光下运行。对于借"公"之名，坏了规矩，乱了纪律的村干部，一经发现严肃查处。

要狠抓制度落实，强化监督检查。有章不循，监管失控使制度本身丧失生命力，引发的惨痛教训比比皆是。施玉山、邸兆青虚开工程发票、虚报项目套取资金过程中，都存在无视规章制度、监管不力的问题。因此，要进一步狠抓制度落实，以制度管人管事；要进一步加大监督检查力度，使权力始终处于有效监督之下，做到党员干部的行为延伸到哪里，监督就跟进到哪里。

同时，要加强纪法教育，提升干部思想认识。思想认识上去了，才能保证行为不偏离轨道。因此，必须加强对党员干部、特别是村社党员干部的纪法教育，并且教育要做到制度化、经常化，真正解决党员干部思想上的问题，使他们始终保持头脑清醒，做到"不但低头拉车，更要抬头看路"。

敢动扶贫资金？决不手软！

——新疆维吾尔自治区察布查尔县阔洪奇乡 多名干部违纪问题剖析

2015 年夏天，一份来自察布查尔县司法部门的转办件引起了当地纪委领导的注意，该件反映察布查尔县一个重点扶贫乡阔洪奇乡，存在集体套取扶贫专项资金用于公共支出的问题。县纪委立即对此事进行了调查核实。经查，该乡党委、政府经集体研究套取扶贫资金 266.83 万元，私设小金库，用于弥补办公经费不足和基层重点项目建设。

违纪事实查清后，该乡原党委书记曾萍、原乡长买买提江·玉山江、原副乡长贺舒新分别受到留党察看 2 年处分和行政撤职处分；原乡纪委书记李艳受到严重警告处分，并调离原单位。同时，县纪委对负责项目监督管理的县农业局、扶贫办、民宗局、住建局、财政局、审计局 6 个部门在全县进行通报批评，并追究相关人员责任。

对于一个人口不到 20 万的西北边陲国家级贫困县，涉案金额超过 200 万元的违纪案件，无异于一颗重磅炸弹震动了当地，给各级基层党组织和党员领导干部敲响了警钟，成了当地逢会必提的反面典型。

无钱办事，打起了扶贫资金的主意

曾萍是从阔洪奇乡走出去的女干部，其后又回到自己的家乡任乡党委书记。她希望能干出一番事业来，但看着乡里大到十几万的政府办公楼附属工程、各村阵地建设工程等项目，小到几千元的砂石料运输费、脚手架租赁费，都等着乡里拨款付账时，她发起了愁。

时任乡长买买提江·玉山江也愁眉苦脸，他愁的不只是乡里没钱办事，更愁自己作为乡经费支出审批人成天忙着和债主们"躲猫猫"。

2012年9月，在实施富民安居项目过程中，该县扶贫办给阔洪奇乡追加了一笔9万元的扶贫补贴资金，这笔钱在曾萍和买买提江·玉山江看来如同救命稻草一般，两人找来贺舒新共同商量后，安排乡规划办、扶贫办具体操作，以9名村民的名义虚报套取了这笔钱。

此后的2年间，曾萍与买买提江·玉山江、贺舒新等人通过套取富民安居资金、扶贫机耕费项目资金、小麦政策性保险费、扶贫及民宗土鸡养殖项目资金、扶贫鸡圈建设项目资金、小麦补贴以及统建房工程款等，累计获得资金266.83万元。

私设小金库，用于支付各类开支

钱都去了哪里？

这些被套取的资金除10.5%入账管理之外，其余都由该乡财政所报账员以现金形式保管，放入了实际形成的小金库。主要用于支付乡里基础设施建设、景观苗木大棚建设、办公、就餐、发放福利等一系列开支。直到案发时，小金库账面上仅剩300元。

这些支出中打白条的占到71%，有发票的仅占21%，还有0.7%的资金流失，剩余的除了发放福利就找不到票据了。这组数据印证了调查人员之前了解到的报账员根本不记账、白条满天飞，有时甚至直接从财务室拿出现金用于党政负责人安排的各种开支的事实，充分说明了该乡财务制度不健全、存在严重的资金管理隐患。

曾萍、买买提江·玉山江等人似乎早预感到事情会败露，便"将计就计、乱上添乱"，提前为执纪审查制造障碍，让毫无头绪的账目干扰调查人员视线，让随意支出的资金无从核实。他们天真地认为这样就能逃过组织的调查，然而，随着各项违规开支被一一核实，他们最终无可抵赖。

监督缺位，他们一错再错

这么长时间里，究竟是什么原因使他们能肆意套取扶贫资金？一个主要因素就是监督的缺位。

乡党委在讨论资金使用、项目实施等重大问题时只召集部分班子成员参加，故意支开纪委书记，没有树立起自觉接受监督的意识。

县级业务主管部门也没有切实履行监督职能，对于基层贯彻落实扶贫政策情况很少开展监督检查，下面怎么说就怎么听，即便下乡检查也是走马观花、蜻蜓点水。此外，该乡相关职能站所与乡党委、政府玩起了"哥俩好"，帮着做假表、造假账、贴假公示，给扶贫资金去向"蒙上面纱"，这些都给违纪者钻空子提供了可乘之机。

权力运行不公开、不透明，本该享受扶贫项目资金的村民们被蒙在鼓里，连最起码的知情权都被剥夺了，想监督政策实施是否公平公正，更是难上加难。

作为这起案件的主要责任人，曾萍在忏悔书中写道："县委免去我职务之后，我一开始觉得委屈、懊悔，后来才慢慢反思。委屈的情绪无非是认为这些资金均用于工作，我个人未占分毫，这种情绪在初期还是比较强烈的。"

而买买提江·玉山江，作为曾经的纪检监察干部带着组织的信任和重托到乡里任职，却没能遵守党纪国法、坚守原则底线，以"想与乡党委保持一致"的借口为自己开脱，怀着"反正天塌了有两个领导顶着"的想法，跟着其他干部一起走向了歧途。

带坏干部队伍，破坏当地政治生态

作为人民公仆，曾萍和买买提江·玉山江带头违背为人民服务的宗旨，完全不顾中央三令五申，视纪律规矩为稻草人，把提醒教育当耳旁风，理直气壮、理所当然地在扶贫资金上动手脚，损害了党群干群关系。

最让组织痛心的是，该案直接造成 2 名年轻的班子成员和 5 名重点岗位上的干部被查处，曾萍等人带坏了一批党员领导干部，带散了一支基层队伍。

"上梁不正下梁歪"。当地纪委在该案发生不久之后又查处了该乡某村一起腐败窝案，充分说明了此案对阔洪奇乡的政治生态造成的负面影响。

把扶贫款当成个人小金库

——新疆维吾尔自治区霍城县兰干乡党委原书记邓杰腐败问题剖析

2016年3月，一封"原霍城县兰干乡党委书记邓杰套取扶贫资金、多次收受他人贿赂"的群众举报信引起新疆维吾尔自治区伊犁哈萨克自治州纪委的关注。"顶风违纪，必须严查。"州纪委主要领导态度坚决。随着调查逐步深入，邓杰违规公款吃喝、收受礼品和消费卡、套取民生资金、对抗组织审查等违纪事实浮出水面。2016年7月，邓杰受到开除党籍、开除公职处分，涉嫌违法问题移送司法机关。

与老板称兄道弟，有事找上门都要"帮一帮"

"邓杰这个人，党性不强，江湖习气挺浓。"这是邓杰身边工作人员对他的评价。2011年，邓杰任霍城县兰干乡党委书记，工作的接触面广了，接触的资金多了、项目多了，各路老板朋友也纷至沓来。对于自己的老板朋友，邓杰很讲义气，有事找上门，感觉不错，都要"帮一帮"，对自己的老乡，更是不遗余力地帮忙。

邓杰与各路老板称兄道弟，酒桌上推杯换盏、牌场上谈哥们义气，自以为很懂法纪，能处理好各种关系。

在与老板的交往中，邓杰的思想起了变化，"这些老板平时一掷千金，开着豪车，住着豪宅。"邓杰心里萌生了一个又一个不平衡，付出与所得的不平衡、政治荣誉与经济利益的不平衡……

为了寻求所谓的平衡，他将"个人所得"的砝码一加再加，认为在这个社会上只有赚钱多少才是衡量一个人价值的标准。思想上发生了变化，行动上就会出现偏差，从而放松了对自己的要求，开始利用手中的权力谋利，一步步堕落，为人民服务的信念也抛之脑后。

从收受烟酒开始，到几千元、几万元甚至单笔几十万元，都来者不拒，后来，干脆以个人名义入股公司。在金钱面前，邓杰忘记了自己手中的权力是党和人民赋予的，反而觉得是因为自己能干、了不起，认为帮了别人的大忙，别人感谢自己理所当然，收一点"好处费"不为过。

"我忘了和老板的交往是有前提的，没有利益在里面，他们怎么会找上门来，又怎么会给我送那些钱。"在和老板"朋友"的接触中，邓杰迷失了方向，党性原则早就抛之脑后。

套取扶贫款私设小金库，败露后与组织"斗智"

贪欲一旦突破了防线，就会一发不可收拾。抱着极度的侥幸心理，2011 年至 2015 年间，邓杰指使兰干乡财政所所长设立账外账，采取虚报冒领等手段套取扶贫资金、富民安居补贴、小麦补贴、中央环境整治项目资金等民生资金共计 340 余万元，私设小金库，进行挥霍浪费。

对自己的违纪行为，邓杰主观上认为账外小金库只有极小范围的人知道，组织上应该查不出来，另一方面认为自己有从警的经历，反侦查能力强，能够顺利规避组织审查。

2015 年 6 月，邓杰在霍城县兰干乡组织召开会议，对他在任期间出现的大额资金未上会研究、工程项目未签订合同等问题，采取"补救措施"，安排相关人员篡改会议记录、造假合同、做假账，掩盖问题，对付审计。在得知州纪委对自己进行初核调查后，邓杰通过电话安排妻子转移违纪所得，并伪造证据、疏通关系、向组织提供虚假情况，干扰组织审查。然而，负隅顽抗只是徒劳。

　　"自治区巡视组指出了兰干乡的车辆购置和接待超标问题，后来伊犁州纪委的工作人员开始在兰干乡开展调查工作，我仍然认为不会有什么事，组织上找我谈话了解情况，我也否认得很坚决，单位存在小金库，自己心知肚明，就是不愿认这个错。"

　　上级领导告诫、组织反复要求，始终没有引起邓杰的自省，对组织审查不能正确对待，找理由辩解，逃避问题，他一错再错。

互助资金缘何"凭空消失"

——海南省白沙县青松乡牙扩村党支部 原书记李桂文违纪问题剖析

"平日里处处为我们着想的李书记咋能干出这样的事来？"当海南省白沙县青松乡牙扩村村民看到村委会公示栏贴出的李桂文被处分的通报时，都不愿相信这一事实。

李桂文是牙扩村党支部书记、村委会主任、互助社理事长，这位村民眼中的"老实人""好书记"，却利用职务上的便利，多次冒用他人名义骗取扶贫互助资金供自己私用。

2016年7月25日，李桂文因严重违纪被开除党籍。"走到今天这一步，我十分懊悔，十分痛恨，对不起党多年的教育和培养，对不起白发苍苍的老母亲，对不起妻子儿女，对不起组织和村民的信任。"受到处分后，李桂文的忏悔姗姗来迟。

"大能人"扶贫有方，老百姓交口称赞

20世纪80年代，在村民的支持下，李桂文进入了青松乡牙扩村村"两委"班子。1993年6月，李桂文当选村党支部副书记。同年10月，李桂文当选村党支部书记、村委会主任。2011年6月，县扶贫办在牙扩村成立扶贫互助社，李桂文被任命为互助社理事长，还当上了县人大代表。"官"越做越大、头衔越来越多，李桂文在当地成了风云人物，被很

多村民称为"大能人"。

2011年7月，白沙县扶贫办给互助社下拨了15万元扶贫资金，用于社员发展经济，规定每名社员限额借贷5000元，借贷期限为1年。

有了资金扶持，越来越多的村民加入了互助社，李桂文身为互助社的理事长，负责资金的管理，村里不少贫困户得到他的帮扶，解决了资金困难，李桂文也成了大伙心中值得信赖的好书记。

按捺不住起贪念，不盯发展盯资金

"好多份《牙扩村扶贫互助社入社申请表》和《白沙县牙扩村扶贫互助社借款约据》的填写笔迹像是一个人填的。"2016年5月3日，白沙县纪委在对发生在群众身边的不正之风和腐败问题线索进行排查时，纪委同志一句不经意的话引起了分管案件监督管理的白沙县纪委副书记张耸勇的注意。

"一定要认真核查，一旦查实违规违纪，要从严从重处理，给老百姓一个交代。"张耸勇说。

县纪委迅速成立调查组，对问题线索展开初核。

调阅互助社社员填写的《白沙县牙扩村扶贫互助社借款约据》，到银行核查互助社账户明细……很快，调查组发现互助社的资金账户"凭空消失"了4.7万元。

原来，自从15万扶贫资金归自己管理后，李桂文就开始动起了心思。2011年9月底，互助社将14.9万元的互助资金借给42名社员。2012年8月，借款到期的17名社员陆续将4.7万元归还互助社。

第一批资金发放的时候没敢动手，现在这笔钱刚刚回到互助社的账上，就被李桂文盯上了。

2012年9月，李桂文冒用李某广、符某花的名义，私自填写了《牙扩村扶贫互助社入社申请表》《白沙县牙扩村扶贫互助社借款约据》，并通过伪造会计、出纳签名，"借"出了第一笔5000元。

尝到了甜头，李桂文又陆续冒用他人名义继续借贷。李某清5000元、刘某现4000元、刘某丰5000元……直到2013年8月，李桂文共以13名社员的名义骗取互助资金4.7万元。

调查组找到13位"借款人"逐一了解情况，但他们都表示自己没有向互助社借过钱。此外，调查组还得到了一个信息——李桂文曾向他们要过身份证，至于做什么他们却不知道。

"请你说说这13个人借款的手续问题。"调查组随即对互助社会计符某源和出纳刘某美进行了询问。

"这不是我的签名，肯定是伪造的。"当看到"自己"在借款约据的签字时，符某源肯定地说。

鉴于基本事实已查清楚，2016年5月13日，白沙县纪委对李桂文违纪问题进行立案调查。

心存侥幸酿苦果，亡羊补牢犹未晚

2016年5月16日，白沙县纪委调查组就李桂文违纪问题，找李桂文进行谈话。

"据我们了解，群众在互助社有申请单据，但其本人却没有领取到互助资金，有没有这回事？"

沉默了许久，李桂文终于开口："有，我当时想养猪，在我的基地里建养猪场，但钱不够，我就想到互助社的资金。"

"你共领取了多少互助资金？怎么取出来的？"

"我共领取了4.7万元。我冒用了李某清等13个人的名义，自己填了表，伪造会计和出纳的签名，然后就领出来了。"

互助社本应将扶贫资金用于帮助贫困户解决资金不足问题，如今却成了互助社理事长个人的"提款机"。

案发后，李桂文归还了4.7万元的涉案款。

扶贫资金，一分一厘都动不得歪心思，心存侥幸终究还是躲不过严惩。

2016 年 7 月 25 日，李桂文因严重违纪被开除党籍，涉嫌违法问题及线索移送司法机关。

泪水洗刷不了犯过的错，更湮没不了违纪事实，如今被开除党籍的李桂文才恍然大悟。"我希望党员干部以我为戒，不要跟我一样，要老老实实做人，多为群众谋利益。"受到处分后，李桂文对自己的问题进行了深刻反思。

案发后，白沙县青松乡牙扩村及时完善了互助资金管理制度。据了解，如今所有互助社社员借贷都必须要经过村"两委"班子会议通过并进行公示，公示无异议后才能获得借款，确保借贷公开透明。此外，牙扩村还发动村民，对扶贫资金借出去后的使用情况进行监督，确保资金用在该用的地方。

目无法纪，互助资金变成活动经费

——海南省白沙县细水乡合口村村干部挪用扶贫资金问题剖析

"贫困户的钱都敢动，简直无法无天，对这件事，我们一定要坚决一查到底，不管涉及谁，村干部也好，乡干部也好，都要给予严厉处分，绝不姑息！乡纪委要立即采取行动，深入调查，坚决查处之中'雁过拔毛'的腐败行为。"这是海南省白沙县细水乡党委和政府领导班子一次碰头会议上，乡党委负责人作出的严厉表态。

原来，2016 年 3 月，白沙县细水乡农业服务中心在对全乡扶贫互助资金使用和管理情况进行全面审计时，发现合口村委会互助资金使用存在问题，银行账面上缺口 5000 元。针对此事，乡党委政府专门召开了一次班子领导碰头会议。

这笔钱能去哪呢？能决定互助社资金使用权的只有互助社理事长，时任互助社理事长的王国京有重大嫌疑。

"王国京从 1989 年起就担任村'两委'领导，2007—2013 年还担任村党支部书记和村委会主任，从互助社成立至今一直担任互助社理事长，是一名有着多年党龄的党员干部，不该犯如此错误吧？"在对王国京调查之前，调查组的同志这样认为。

当办案人员找到王国京的时候，他一脸无辜的样子，否认自己存在违纪问题，问他是否挪用了互助资金，他一口否认。

"那互助资金的账面上怎么少了 5000 元，你作为互助社理事长不会不知道原因吧？"办案人员继续追问。

　　沉思良久，王国京咂咂嘴一脸恍然。"哦，你是说那笔钱呀！情况是这样，因为我们村委会经费少，有时候想开展个党员活动都没钱，于是我就想着从互助资金里取出 5000 元，作为组织活动费用，后来这笔钱就拿来当作党员会议工作用餐经费、偿还以前饭店的欠账了，而且当时拿这笔钱出来也是经过村委会班子成员讨论同意的，这难道有错吗？"

　　一名受党教育多年的党员干部竟然说出这番话，连有多年办案经验的办案人员都感到愕然。

　　群众利益无小事，党的根本宗旨就是为人民服务，也是党员干部开展工作的唯一标准。在使用专项资金的时候，这些党性原则却都被抛到脑后了。在王国京眼里，挪用互助社的钱去开展党员工作，又不是揣入自己腰包，不算违反纪律，不是个什么事。但他不知道，那是扶贫专项资金，是用给贫困户的，有可能是贫困农户的救命钱。

　　"这不是一个党员一般认识上的偏差了，而是宗旨意识和理想信念上已经走入了歧途。"在执纪审查时，县纪委常委王民说。

　　经过办案人员教育，王国京终于认识到了自己的错误，及时自筹资金 5000 元存入互助社的银行账户，并向组织作出深刻忏悔。

　　"这次教训对我来说是沉重的，我辜负了党组织对我多年的培养和教育，忘记了党的宗旨，没有把群众利益时刻放在心上，失去了为人民服务的精神。希望组织能够接受我的歉意，从宽处理，给我一次改过自新的机会。"王国京说。

　　2016 年 7 月 8 日，经细水乡纪委讨论决定报乡党委批准，给予细水乡合口村委会委员、村互助社理事长王国京党内警告处分。

　　"这样的干部，就要发现一个查处一个"，"一个老党员竟做出这样的事，背个处分也不亏"，王国京被查处的消息传开后，村里的群众纷纷点赞。

截留扶贫蜜蜂种苗酿苦果

——海南省屯昌县新兴镇兴诗村村委会截留扶贫物资问题剖析

"当时我提议留下一些扶贫蜜蜂种苗给咱们的村干部养，等酿出蜂蜜还能作为土特产送给来咱村里指导工作的上级领导。现在回想，自己一开始就不应该打扶贫物资的主意。现在大家都受了处分，我也很后悔。"海南省屯昌县新兴镇兴诗村党支部书记、村委会主任刘书监对自己一时的糊涂懊恼不已。

事情还要从一封群众举报信说起。2016 年 9 月，新兴镇纪委接到群众举报，反映该镇不是扶贫户的村民也领到了扶贫蜜蜂种苗，且存在兴诗村村干部截留扶贫蜜蜂种苗的问题。对此，镇纪委工作人员立即深入兴诗村进行调查。

新兴镇兴诗村位于屯昌县偏北，该村共有 300 多户村民，贫困程度较深，多数个体自我发展能力较弱，其中建档立卡贫困户 60 户 264 人。由于养蜂是一项投资少、见效快、不争地、不争水肥的绿色生态产业，并且兴诗村周边环境蜜粉源植物丰富，有很好的养蜂条件，因此该村许多贫困户都有养殖蜜蜂的想法。

2016 年 4 月初，根据屯昌县扶贫工作安排，兴诗村准备给 27 户扶贫户发放 173 箱蜜蜂种苗。事先，该村党支部书记、村委会主任刘书监和村委会副主任陈延存、村委会委员陈延武 3 人私下碰头，讨论如何分配蜜蜂种苗一事。刘书监提议说："蜜蜂种苗一共是 173 箱，我们的扶贫户一共是 27 户，如果要做到均分，每人 6 箱有余，7 箱又不够，不如每人只发 6

箱，余下几箱留给咱们的村干部自己养殖。"另外两人同意了他的提议。

2016 年 4 月 25 日，兴诗村村委会给 26 户扶贫户发放了 161 箱蜜蜂种苗，其中有少数贫困户领取的种苗不止 6 箱。此外，剩余的扶贫蜜蜂种苗中，还有 6 箱是本该发给贫困户林某英的，由于林某英年纪较大，养蜂不便，发放物资当天，村委会副主任陈延存向负责发放扶贫物资的时任村委会委员林明桦提议，将这 6 箱蜜蜂种苗转发给兴诗村委会大塘坡村村民小组组长蔡某文（非贫困户，陈延存同村朋友）。林明桦同意了陈延存的提议，随后便将种苗发放给了蔡某文。同时，按照几名村干部之前商议的，村委会副主任陈延存将"多出来"的 6 箱蜜蜂种苗领回去自己养殖。

据执纪人员介绍，从一开始，涉事的村干部就对这批扶贫物资起了私心，才会几个人私下碰头讨论决定蜜蜂种苗的分配方案，而没有走公开程序。村干部们想得很"周全"，在领取表上"做手脚"想蒙混过关：有些群众明明只领到 6 箱，签领表上写着 7 箱，还有些种苗由他人代领代签……

在调查走访过程中，纪委工作人员了解到，其实贫困户们知道自己实际领取的蜜蜂种苗和签领的数量不符，但他们不敢也不想得罪村里的干部，害怕日后其他扶贫物资都领不到了，所以敢怒不敢言。

事实查清后，2016 年 11 月 24 日，屯昌县纪委给予刘书监、陈延武及林明桦 3 人党内警告处分，对陈延存进行诫勉谈话，违规发放、截留的 12 箱扶贫蜜蜂种苗已被追缴并重新发放给贫困户。

"这次多亏了镇纪委的同志啊！以后村干部就不敢再打扶贫物资的主意了！镇纪委给村干部敲响了警钟，相信以后扶贫物资发放会更加公平公正。"收到被截留的扶贫蜜蜂种苗后，兴诗村的贫困户向前来通报刘书监等村干部被查处情况的纪委工作人员竖起了大拇指，纷纷为纪委的工作点赞。

遏制"雁过拔毛",严查"蚊蝇"贪腐

——海南省群众身边的典型腐败问题剖析

从海南省近年查处的情况看,群众身边的不正之风和腐败问题时有发生。一些基层干部理想信念缺失、党的观念淡漠,或利用手中的权力骗取惠农补偿款、挪用专项资金,或在为群众办事过程中,利用职务之便,把惠民资金当成"唐僧肉",索要好处费。这些"雁过拔毛"式的"微腐败",严重损害党和政府的形象。

贪得无厌,见"毛"就"拔"

案例一:儋州市白马井镇东山村党支部原副书记王木荣截留孤儿困难生活补助问题。2011 年 7 月至 2013 年 3 月,王木荣利用职务之便,截留孤儿困难补助款。2013 年 11 月 29 日,被给予留党察看 1 年处分。

案例二:琼中黎族苗族自治县长征镇农业服务中心畜牧兽医站原负责人王明雄索取他人财物问题。2012 年至 2014 年期间,王明雄多次向他人索取财物。2015 年 8 月 25 日,琼中县人民法院作出一审判决,王明雄犯受贿罪,判处有期徒刑 1 年 6 个月,缓刑 2 年。

案例一中,王木荣作为村党支部副书记,利用分管民政工作的便利,从 2011 年 7 月至 2013 年 3 月,先后 7 次将本村孤儿困难生活补助费代领,并截留 5906 元据为己有。面对孤儿的"保命钱",他不仅毫不手软地截留,为掩盖事实真相,还精心编造谎言对孤儿的爷爷说:"上级部门只批准了你一个孙女的孤儿补助申请，另一个没有批准。"就这样蒙骗当事人直至事情败露。

案例二中，在 3 年的时间里，每当有养殖户和合作社从县畜牧局领取补贴后，王明雄就伸出了他贪婪之手，先后十多次向养殖户和合作社索要好处，不论多少，鹅苗、猪苗或现金，有钱要钱、有物要物，贪得无厌。

连孤儿的"保命钱"也贪，对养殖户领取的补贴也不放过，见"毛"就"拔"，这样的基层干部老百姓怎会不憎恨？正如执纪人员在走访中了解到的，村民在谈到他们的行为时都气愤不已，说道："太贪了！希望能严惩！"

"蚊蝇"扎堆，抱团"拔毛"

案例一：陵水黎族自治县英州镇母爸村党总支原书记胡发言等 9 人侵占扶贫物资问题。2013 年，母爸村党总支书记胡发言，副书记胡华、黄彬彬，支部委员、村委会主任胡才广，妇女主任符爱权，支部委员胡发飞、陈明才、黄振友，村委会委员胡兴旺等 9 名村"两委"干部利用职务之便，在扶贫物资发放过程中，侵占扶贫物资，价值 4.869 万元。案发后，9 人均退还多占物资金额，受到严肃处分。

案例二：海口市秀英区长流镇博新村党总支原副书记李家仍等 5 人骗取征地补偿问题。2012 年，李家仍在担任博新村党总支副书记期间，伙同长流镇政府主任科员郑为枝、博新村委会委员李立世、新李村民小组副组长李壮及支部党员麦桂霞，采取虚构事实的手段，骗取国家征地补偿款 117.32 万元。2014 年 10 月 31 日，5 人被开除党籍，司法机关正在追究刑事责任。

由于扶贫物资申领发放、征地拆迁补偿等涉及面广、审批监管环节多，一些基层干部只有通过内外勾结、上下串通才能达到侵占、挪用的目的，所以往往查处一案，牵出一串，影响一片。

案例一中，母爸村"两委"班子成员集体沦陷，班子成员为获取不正当利益，沆瀣一气，共同作案，抱团"拔毛"，把县扶贫办分期分段下拨的化肥、猪苗、黑鸡苗等老百姓急需的扶贫物资变成"摇钱树"，中饱私囊。

案例二中，李家仍、郑为枝、李立世、李壮、麦桂霞5人为了达到骗取高额征地补偿款私分的目的，利用参与、协助土地征收工作的职务便利，相互勾结、上下串通，通过伪造材料的方式，将新李村组的集体农用地虚报为宅基地，骗取征地拆迁补偿款。

事实证明，基层干部上下串通、内外勾结，危害性更大、影响更为恶劣，必须重点查处，绝不能让少数人抱团"拔毛"，把"民心工程"变为"寒心工程"。

欲壑难填，长期"拔毛"

案例一：澄迈县瑞溪镇里加村党支部原书记陈祥宾虚报冒领国家粮食综合补贴款问题。2007年到2014年间，陈祥宾虚报粮食直补亩数，冒领补贴款3.34万元，用于个人开支。2015年10月，被开除党籍，其涉嫌犯罪问题移送司法机关处理。

案例二：临高县新盈镇安全村党支部书记兼村委会主任黄肖柏违规乱收费问题。2009年到2013年，安全村违规向渔民收取渔船"赞助费"38.645万元，其中大部分用于发放村干部生活补助。2015年6月5日，黄肖柏被党内严重警告处分，并责成村干部退还所领取的生活补助款。

案例一中，陈祥宾从2007年到2014年，在长达8年的时间里，尤其是党的十八大以后仍然不收手、不收敛，利用职务之便，先后伪造本人及亲属共7人的种粮信息，虚报粮食直补亩数，冒领补贴款，用于个人开支，时间之长，实属罕见。案例二中，从2009年到2013年，安全村"两委"违规向渔民收取渔船"赞助费"，直至案发，时间长达5年之久。

这两个案例中，少数基层干部肆无忌惮、胆大妄为，无视党纪国法，不择手段、唯利是图、心存侥幸、长期作案，把惠民补贴资金变成自家的

"钱柜"，把管理和服务对象当作"提款机"，不能不让人警醒。

手段隐蔽，"暗拔""偷拔"

案例一：儋州大成镇小岭村委会原副主任符冠邦冒领低保补助金等问题。2006 年到 2010 年，符冠邦假冒他人名义办理低保并领取低保金，在社会上造成不良影响。2013 年 3 月 21 日，被开除党籍。

案例二：五指山市番阳镇农场支部书记陈玉珍骗取财政资金问题。2014 年，番阳镇农场在"一事一议"财政奖补申请的过程中，陈玉珍以伪造职工签名的方式，骗取财政惠民补贴资金。2014 年 11 月 28 日，被党内严重警告处分。

近年来，随着惩处力度不断加大、法规制度不断健全，一些基层干部"雁过拔毛"的手法也更加隐蔽。

案例一中，符冠邦利用村委会安排他负责该村 7 户低保对象申报纳保材料的便利，偷偷以被保对象的名义拟好《低保申请书》，并在"申请人"字样上加盖自己拇指印，同时以被保人为户主，虚构其家庭成员。审批通过后，先后 10 次代领该户低保金及春节慰问金用于个人消费。

案例二中，陈玉珍采取无中生有的方式，在该农场申请"一事一议"财政奖补资金过程中，以伪造职工签名的方式骗取财政奖补资金。

个别基层干部绞尽脑汁、花样百出，采取各种方式，对低保金、惠民补助资金"暗拔"、"偷拔"、"拐着弯拔"，把党和政府的惠民政策变成"惠己"政策。

胆大妄为，"明拔""硬拔"

案例一：海口市美兰区海洋渔业局原科员李明哲索取他人好处费问题。2012 年，李明哲利用在乡镇挂职的职务便利，在农村危房改造工作中，为他人谋取利益，索取他人好处费。2015 年 9 月 24 日，被开除党籍和行政撤职。

案例二：白沙黎族自治县打安镇原民政助理吴永深索取他人好处费问题。2012年2月，吴永深（2012年12月退休）在办理低保业务过程中，索取他人好处费。2014年11月12日，被给予留党察看1年处分。

案例一中，李明哲在某乡镇挂职时，与村干部相互勾结，赤裸裸索要好处费，从一户得到的2万元危房改造补贴中挖走1.5万元"好处费"。

案例二中，吴永深在为曹某某办理低保过程中，故意以不符合条件为由不予办理，致使曹某某长期没能办理低保，后来吴永深通过中间人传话"办理低保要收'手续费'5000元，如果不给钱办理低保的事就不好办"，在收到4000元"手续费"后，他才答应为曹某某办理。

少数基层干部利用职务之便，明火执仗，直接索要，"明拔""硬拔""公开拔"，严重损害党和政府形象，伤害了老百姓的感情，无疑在人民群众与党员干部之间立起了一堵无形的"隔离墙"。

从有机可乘到无路可走

——四川省成都市青白江区清泉镇红岩村
党支部原书记黄孝明违纪问题剖析

因为发现扶贫项目监管审核不严，四川省成都市青白江区清泉镇红岩村党支部原书记黄孝明伙同村文书，在两年的时间内通过虚列材料款、项目租地面积、劳务工资等方式，套取专项扶贫资金85万余元。

2016年12月，四川省成都市青白江区清泉镇红岩村党支部原书记黄孝明、村委会原文书邱治俊2名村干部受到开除党籍处分，并被移送司法机关处理。此外，监管过程中履职不到位的3名镇村干部也被问责。

"扶贫资金是中央输向贫困地区的救命血，沾不得；扶贫资金是贫困群众热切盼望的及时雨，贪不得。可是我却沾了，贪了，结果呢？头破血流……"面对调查人员，黄孝明流下了悔恨的泪水，然而为时已晚。

违规报销轻易得逞，"有心人"发现"商机"

清泉镇红岩村是成都市农村扶贫开发领导小组确定的相对贫困村。受对口扶贫单位的委托，由该村村委会实施李子苗圃基地、冬枣基地园建设，并作为该村的产业发展帮扶项目。之后，红岩村村委会与明峻种植合作社签订合作协议，将以上项目交由该合作社具体实施。

看着数百万元的产业项目扶贫资金陆续划拨到账，时任村党支部书记、明峻种植合作社法人代表的黄孝明对着账动起了歪脑筋。

2013 年 10 月，黄孝明召集村委会主任廖继洪、村委会文书邱治俊在村部办公室商量。"扶贫结束后，如果项目收益不好，不能继续维持基地日常各项开支，资金链断了该怎么办？我看我们不如从扶贫项目资金中多套一些钱出来，一来可以解决项目基地的后续资金问题，二来可以用作村上日常的开支，你们觉得怎么样？"

"这不太好吧，这是国家下拨的专项款，万一……"面对黄孝明的提议，廖继洪和邱治俊提出了自己的疑虑。黄孝明反问道："现在合作社还没有效益，如果不这样做，怎么解决土地租金问题？你们有更好的办法吗？"廖继洪、邱治俊 2 人无言以对，最后默许了黄孝明的提议。

随后，在黄孝明的授意下，邱治俊制作了红岩村用 2013 年扶贫资金支付基地购苗款 30 万元的虚假报销凭证，将原本购买的 5 万余株桃苗数虚增至 20 万株，违规报销资金 27 万余元。之后，邱治俊将资料送到了清泉镇人民政府审批。

"镇上怎么还没有批，是不是发现了什么问题？万一虚假资料被镇上查出来怎么办？到时候咋个说？……"自从资料上报后，黄孝明天天睡不好觉。

"好消息，政府终于审批了，30 万元马上到账！"十多天后，当邱治俊把这一消息告诉黄孝明时，黄孝明一颗忐忑的心终于落了地。他心中窃喜，觉得自己发现了"商机"。

初尝甜头胃口大开，变本加厉套取资金

第一次"伸手"成功之后，黄孝明认为通过虚报的方式来套取扶贫资金的行为颇具"可行性"，于是便留心在扶贫项目中处处寻找发财机会。

2013 年到 2015 年间，黄孝明等人采取虚增李子苗圃基地租地面积的方式，套取扶贫资金共计 10.5 万余元；2014 年到 2015 年间，他们又采取虚增冬枣基地租地面积的方式，套取扶贫资金共计 11.1 万余元……

看着一笔笔资金这么轻松就能套取出来，黄孝明的胃口也越开越大，

胆子也越来越肥。

"黄书记，我最近总是提心吊胆的，万一到时候我们套取扶贫资金的事情被人发现怎么办？"

"树苗栽在地里，没法细数，只要我们资料做得小心些，镇上查不到的。你只管放开做，有问题我担着。"看到邱治俊的不安，黄孝明拍着胸脯向其保证说不用担心。

再后来，黄孝明、邱治俊2人又采取虚列基地管理人员工资、基地务工人员工资等方式套取扶贫资金，致使国家扶贫资金流失。

据查证，2013年到2016年间，黄孝明等人采取此类手段累计套取扶贫资金达85万余元，其中部分资金挪用于黄孝明个人承包工程项目等开支。

举报信揭开"遮羞布"，一查到底不手软

"清泉镇红岩村作为四川省成都市重点扶贫村，每年上级单位下拨的几十万扶贫专项款不知道去了哪里？"2016年5月，一封举报信引起了青白江区委和区纪委的高度重视。

青白江区纪委随即成立专案组，兵分三路进行调查取证。一路赴清泉镇政府调取扶贫资金专账资料；一路前往红岩村查阅相关项目建设资料；一路对红岩村当地村民进行实地走访。通过对账目和项目资料进行认真细致的梳理和核实，专案组锁定了红岩村党支部原书记黄孝明和村委会原文书邱治俊为重要违纪嫌疑人。

"通过精心组织、缜密部署谈话调查工作，青白江区纪委迅速将案件突破，并成功追回剩余被套取扶贫资金45万余元。"青白江区纪委相关负责人介绍说。

2016年12月，青白江区纪委对黄孝明、邱治俊分别给予开除党籍处分，并将涉嫌犯罪问题移送司法机关处理。2017年3月，黄孝明因涉嫌贪污罪、挪用公款罪，邱治俊因挪用公款罪被青白江区人民检察院提起

公诉。

案件发生后，青白江区纪委加大问责力度，落实"一案双查"，对在项目监管过程中存在问题的红岩村村委会负责人、清泉镇主管部门负责人、分管领导等责任人分别给予相应纪律处分。

怎能鸡脚杆上刮油？

——四川省蓬安县4名村干部违规向贫困户收费问题剖析

按理说，村路年久失修，村民自发捐款用于维修整治本无可厚非。可是，在四川省蓬安县龙蚕镇鹭鸶田村，多名村民捐款维修村道公路，包括村党支部书记在内的4名村干部却受到了严肃处理。这究竟是怎么一回事呢？

原来，因想修路却苦于村集体没有收入，鹭鸶田村的村干部竟打起了贫困户手里到户产业发展资金的歪主意。"这简直就是鸡脚杆上刮油、蚂蚱腿上割肉！"在接受记者采访时，受访的村民颇为愤慨。

维修村道：村干部提议向贫困户收费

鹭鸶田是蓬安县龙蚕镇的一个村落。村里有一块大水田，面积有6亩多，状如鹭鸶。田边是一条大路，通往邻近几个乡镇，过往的人多了，大家就叫这个村为鹭鸶田村。村子已有一百多年历史，但至今尚未脱离贫困。全村共有323户1187人，大部分村民都外出务工，留守在家的村民不足500人。2014年下半年，通过农户自愿申请、群众评议和公告公示等程序，该村共识别出建档立卡贫困户62户184人。2015年，该村实施精准扶贫，整村推进，人均1630元的到户产业发展资金，直接打到了贫困户的银行卡里。

鹭鸶田村有一条公路，从邻村普光村接过来，在半山腰蜿蜒盘旋。

这条公路在鹭鸶田村长 1.75 公里，由于年久失修，许多地方路边沟渠已经填满泥沙，一遇大雨，从山坡流下的雨水翻过村道，给村民的出行和村道下面的农田造成严重影响。邻村的养鱼户雷某某曾多次到鹭鸶田村"两委"反映情况，说鹭鸶田村的村道经常翻水，大水冲到他在村道下面的鱼塘，导致其损失惨重。

这条路，确实也该维修了，村道和山体连接处的沟渠，确实也该清理了，但钱从哪儿来呢？

村里没有集体经济收入，也没有一分钱积蓄。2015 年 4 月，村党支部书记兰瑞光提议并与村委会主任李明辉、村委会副主任兰彩兵、村党支部纪检委员李栋梁开会决定，让该村贫困户在收到扶贫款后捐款，用于维修公路、整治水沟。

入户收费：群众代表收取贫困户 1.46 万元

在鹭鸶田村的村干部主导下，村上选出 9 名各村民小组的代表，负责收取本组的捐款。

2015 年 5 月，国家扶贫资金打到贫困户的账上后，事先选出的代表开始入户收费。现年 80 岁的伍正初是 1 组的贫困户，他负责收取本组的"捐款"。伍正初说，"包括我自己在内，领了国家 1630 元，拿 100 元出来，为大家维修公路嘛！"因为事前"工作到位"，贫困户比较配合。两天时间，伍正初就收齐了本组"捐款"——7 户贫困户 21 人，每人 100 元，总共收了 2100 元。

从事后查证来看，实际收费情况比较复杂。多数是每人 100 元，也有 50 元的。有的"捐款"后拿到收据，很多人又没拿到。此外，也有贫困户没有"捐款"。3 组收钱的是黄世奎，7 户人，他只收了 5 户人的钱，"另外两户没遇到人，还没来得及收齐，就在喊退钱了！"

"我们拿了国家的扶贫款，村干部也起了很大作用，他们喊捐款出来，哪好不捐嘛！"采访中，一位不愿透露姓名的贫困户告诉记者，他

"捐"这 100 元，并不是真正的自愿。

经核实，此次贫困户"捐款"共计 1.46 万元，各组陆续将收来的"捐款"集中到村干部手中，计划维修公路时再支出。

纪委调查：及时清退贫困户"捐款"

就在鹭鸶田村向贫困户收款期间，蓬安县纪委接到村民举报，说鹭鸶田村向贫困户每人收取了 100 元，这笔钱是村干部"吃回扣"。

接到举报后，蓬安县纪委迅速展开调查，并查清了事实。县纪委认定，该村要求贫困户以"自愿捐款"的名义，从到户产业发展资金中，每人拿出 100 元，用作维修村道公路，共收取 1.46 万元。虽然村干部个人没有得一分钱，但违反了国家扶贫资金使用规定，侵害了贫困户的切身利益。县纪委当即责令鹭鸶田村将这 1.46 万元及时全额返还给贫困户。事后，4 名村干部都认识到自己所犯错误，表示愿意接受组织处理。

2016 年 1 月，蓬安县纪委作出处理决定，给予兰瑞光严重警告处分，给予李明辉、兰彩兵和李栋梁警告处分。2016 年 5 月，中央纪委通报曝光了全国 86 起侵害群众利益的不正之风和腐败问题，鹭鸶田村"上榜"，成为四川省 4 大典型案件之一。事件发生后，蓬安县进一步建立健全覆盖全面、监督有力、管用有效的制度机制，确保国家扶贫政策在基层执行不走样。

生财有"道"，纪法无情

——四川省盐源县发展改革和经济信息化局
原工作人员熊志刚严重违纪问题剖析

扶贫领域一直是侵害群众利益的不正之风和腐败问题的高发领域，一些基层干部利用在资金拨付、审核批准、经手管理、验收项目等方面的便利，以各种方式获取不当利益。在四川省盐源县查处的一起扶贫领域案件中，一名工作人员竟伙同他人骗取易地扶贫搬迁补助款120万元，个人分得60万元。如此胆大包天，等待他的必将是党纪国法的严惩。

瞒天过海：扶贫搬迁项目再添60户"移民"

熊志刚是盐源县发展改革和经济信息化局以工代赈办公室的一名工作人员。2012年的一天，盐源县卫城镇香房村村民沈尔哈找到熊志刚，请求他帮忙想办法，把并不符合条件的香房村纳入2013年盐源县易地扶贫搬迁项目建设计划，并承诺完成该项目后给予熊志刚"好处费"。

想到自己最近在西昌买房、装修，到处借了些钱，正想找点项目发点财，熊志刚和沈尔哈一拍即合。

经过熊志刚的暗箱操作，2013年8月，原本不符合条件的香房村60户"移民"竟然真的进入了2013年易地扶贫搬迁工作项目建设计划中。按照当时的政策，每户搬迁户将得到政府补助2万元。

香房村60户就是120万元！

利欲熏心：120万元扶贫款半数成了"好处费"

2014年初，熊志刚第一时间得知香房村的易地扶贫搬迁项目指标已经下达，便立即打电话给沈尔哈，让他先给自己30万元用于"跑项目"，说如果不给钱，项目就跑不下来。

迫于无奈，沈尔哈找亲戚借了3分的高利息，并分两次给熊志刚送去30万元现金作为"协调费"。

2013年11月至2014年底，项目按计划顺利实施。

快一年了，30万元一直在利滚利。沈尔哈一直焦急地等待着。2015年3月，香房村2013年易地扶贫搬迁项目验收终于结束，县发展改革和经济信息化局将120万元补助款打到香房村60户农户的农行卡上，但这些卡早已被沈尔哈"统一保管"，这些钱自然全落到沈尔哈手里。

2015年3月30日，熊志刚和沈尔哈在县委门口相遇，熊志刚向沈尔哈提出，按照事先说好的每户抽5000元的标准向其支付"好处费"。想到今后可能还会有继续实施的易地扶贫搬迁项目，沈尔哈按约定又转给熊志刚30万元。

120万元的易地扶贫搬迁补助款，香房村60户农户真正到手的不过2000元、5000元、1万元，最多的一家2万元，而熊志刚个人竟分得了60万元！

对抗调查："借款"成为一厢情愿的贪腐托词

2015年9月，盐源县纪委收到卫城镇香房村村民的举报，反映香房村易地扶贫搬迁项目中存在的问题。盐源县纪委高度重视，迅速成立调查组展开调查。

进村一查，沈尔哈立即进入了调查组的视线。

调查组找到沈尔哈，他交代了向熊志刚行贿60万元的事实。金额如此巨大，调查组立即对熊志刚展开调查。

熊志刚一边四处借钱"还"给沈尔哈，一边找到沈尔哈的妻子伪造了一张借条，企图掩盖自己的贪腐行为。

接受调查时，负隅顽抗的熊志刚不断为自己的贪腐行为寻找借口，辩称这笔钱的性质是借款，并称已将60万元还给了沈尔哈。

"借款"岂能成为一厢情愿的贪腐托词?!

据调查，沈尔哈最初送给熊志刚的30万元"协调费"是高利息借来的，每月利息高达9000元。若熊志刚的"借钱说"成立，那么这对"朋友"该是多么好的感情，值得沈尔哈一年背负十多万元的高利息!

铁证面前，熊志刚终于低下了头。

60万元扶贫搬迁款悉数追回。

2016年7月19日，熊志刚受到开除党籍处分，其涉嫌违法问题移送司法机关处理。沈尔哈也因涉嫌贪污罪被同案起诉，剩余的60万元扶贫搬迁款也被追回。

扶贫局长的"爱财之道"

——四川省眉山市东坡区扶贫和移民工作局
原局长蔡进国违纪问题剖析

"自从你们找我了解情况以后，我这几天就再没有睡着过。有时会到成都，在儿子睡着以后，坐在他床边，静静地看着他，也许以后就没有这样的机会了。好好的一个家，就因为我毁了，如果我以前不那么贪财，该多好!"

作为唯一出人头地的家庭成员，蔡进国曾是家人的骄傲。1985 年，蔡进国 21 岁中专毕业后在四川省原眉山县民政局参加工作，其后从普通工作人员到乡长、乡党委书记、局长，一路仕途平坦。

然而，他却不满足于此，在担任扶贫和移民工作局局长期间，利用职务之便，收受贿赂 90 余万元；以他人名义，通过"穿马甲"、找代理人、围标串标等方式，承揽有关工程项目，非法获利 200 余万元。他所谓的"爱财之道"却诱导他走向了违纪违法的深渊……

索要回扣，积累"本金"

2005 年到 2010 年，承建商李某先后中标 4 个乡镇的瀑电外迁移民安置房工程和 3 个道路建设工程，这 7 个工程建设过程中，蔡进国从各方面给予了李某无微不至的"关照"。其后，在多悦镇两河口水库道路工程的招标中，蔡进国更是"无偿"帮助李某顺利中标。这让李某非常庆幸遇到了一位"清廉"的领导干部。

直到 2009 年的一天，蔡进国将李某约到了一个茶楼，东拉西扯了半天，看似闲聊，李某还是听出了蔡进国的言外之意——要好处费。不过，李某假装没有听懂，最后两人不欢而散。可是，没过多久，蔡进国又约李某见面，这次"聊天"就更加直截了当，李某见无法回避，就说："蔡局，按照惯例，一般都是 3 个点，你看满意不？"蔡进国显然不会满足，说："这样，9 个点，7 个项目总合同价的 9%！"李某非常震惊，但是想到蔡进国给予他的帮助，以及自己还有 3 个工程没有完工，只有忍气吞声地答应了。最后，按照蔡进国事先计算好的金额，李某支付了 115 万元的回扣款。

大揽工程，当上"老板"

失去了约束，贪欲从不会止步，只会愈发膨胀。看见承建商大把大把挣钱，蔡进国也不再满足于拿回扣，他要自己做工程，当"老板"。

2009 年，蔡进国以从李某处索要的 115 万元作为启动资金，安排其远房表弟袁某以眉山崇仁建筑工程公司名义承揽扶贫移民工程，自己则当上了运筹帷幄的"幕后老板"。随后几年，蔡进国亲自运作，通过找人围标串标，先后获得 16 个村总价 2000 余万元的扶贫开发项目工程。在外，袁某是"搞工程"的大老板，而实际上，他只是蔡进国手中的"牵线木偶"。所有工程款实际由蔡进国掌控。截至案发，蔡进国共获利润 200 余万元。

蔡进国非常清楚，公务人员不能违规经商、办企业，但他却能找到"理由"自我安慰，他认为这些扶贫项目拿给别人做还不如自己做，这样还能避免偷工减料，保证工程质量。但事实上呢？为了节约成本，赚取更多利润，在蔡进国的授意下，袁某承建的 16 个村道建设项目中，15 个村的道路厚度均比合同约定的标准少了 2 厘米。

权钱交易，终陷囹圄

2010 年，华升房地产开发公司郑某租了一块地，用于打造苗木基地和旅游开发，但由于位置偏僻，道路不通，郑某找到了蔡进国，希望能给予道路交通方面的支持。蔡进国答应了郑某的请求，最终村委会确定由华升房地产开发公司来承建道路修建项目。就在施工前一天，郑某接到了蔡进国的电话，蔡进国告诉她，这个项目是由袁某去省上"跑关系"要到的，希望能让袁某来修建。郑某考虑到只要路能修好就行，就答应了蔡进国的要求。

2012 年春节，郑某准备了 10 万元给蔡进国"拜年"。2012 年 5 月，蔡进国又以"到省里面跑项目跑资金，开销比较大，还差四五万"为由，向郑某索要"赞助费"5 万元。当然，"赞助费"不会白出，在蔡进国的帮助下，郑某于 2013 年获得 7 个村的蜜柚苗、绿化苗供应等 320 余万元的扶贫开发项目。

俗话说，君子爱财，取之有道。蔡进国所谓的"爱财之道"，在为他短暂带来门面 6 间、库房 600 余平方米、土地使用权 1000 余平方米等财富之后，还为他带来了牢狱之灾。目前，蔡进国已被开除党籍、开除公职，移送司法机关处理。

低保金岂容"苍蝇"玷污

——四川省青川县城乡低保领域腐败串案剖析

2015 年 7 月，四川省青川县纪委监察局接到群众信访举报，反映骑马乡某村村干部以权谋私、致使有村民开着轿车"吃低保"的问题。经调查，群众反映属实，且骑马乡还存在去世一年多的低保户仍在领取低保金的现象。

针对发现的问题，县纪委牵头组织了一场面向全县低保领域腐败问题的"亮剑"行动。通过清理发现，全县 31 个乡镇 36 名村（社区）干部在低保评定过程中不入户核实情况，优亲厚友，虚报冒领，致使已去世的低保人员、户在人不在、已工作大学毕业生、公职人员、士官、拥有机动车辆、已领取退休金或养老金、农转非、家庭条件好转等 9 类人员违规领取农村低保金。青川县纪委后给予乐安寺乡寨子村党支部副书记王志强开除党籍处分，给予竹园镇河口村村委会主任李坤进等 35 名村干部党内警告处分，给予"三早"（早发现、早提醒、早纠正）预警 102 人，责成有关部门取消不符合低保条件对象 4102 人，挽回经济损失 214.78 万元。

剖析低保领域腐败案件，分析案件发生的原因，发人深省，警醒后人。

案件特点

优亲厚友，丧失公平。有的村干部在低保资金申请、审核、发放等环节中优亲厚友，大搞"人情保""关系保"等，干部本人或其家属、亲戚等生活水平不低却违规领低保，而村里有的本应享受低保的老人、病人和残疾人却拿不到低保。有的村干部为方便以后办事，拿国家政策做"顺水人情"，将在政府部门工作人员的亲属列为低保对象，或者将不符合低保条件的上访户列为低保对象。营盘乡新韩村是高山特困村，村党支部书记马某伙同村委会主任李某、村文书马某，从2012年起至2015年间，分别以其配偶、儿子和母亲的名字为户头，然后自己填写材料、审核、上报，领取低保金。

目无法纪，虚报冒领。有的干部在低保评定过程中"撒胡椒面"，将低保资金平均分配到村组人员手中，违背了低保政策的初衷。有的通过虚报低保金名额、修改登记申报材料、冒签对象名字、重复登记申报等方式骗取低保金。有的干部利用代领、代发低保金的便利，通过各种手段扣留农户存折并冒领农户低保金。姚渡镇民政办工作人员杜某，采用虚报手段用其姐夫之名办理低保金，骗取低保金3000余元归个人使用。

沆瀣一气，瞒天过海。一些人员获得低保资格后取消难。个别家庭经济条件和刚领低保时相比已大有改观，按规定应及时取消低保资格。可村里怕得罪人，仍然让其"吃"低保。个别村干部在明知低保户已去世的情况下，因"老好人""怕得罪人"的思想作祟，帮助低保户设法隐瞒，未及时取消，导致不少低保户死后仍由其家属领取低保金。沙州镇白土村委会主任牟某因"老好人"思想作祟，帮助该村低保户韩某的家属隐瞒韩某在2008年"5·12"地震中遇难的事实，导致韩某家属直到2015年9月仍在违规领取低保金。

"苍蝇"虽小，危害甚大。前不久，青川县纪委陆续通报了查处的20起低保领域腐败案件，在全县引发广泛关注。低保，即居民最低生活保障，是保障困难群众基本生存权利的有效途径。上述问题直接侵害了生活困难群体的切身利益，破坏了社会公平正义，严重损害了党和政府的形象。

发案原因

教育薄弱，法纪观念淡薄。低保领域案件涉及的多是村（社区）干部，不少干部文化程度较低，且农村基层组织的法纪教育相对薄弱，一些村干部既不学党规党纪，也不懂国家法规，对违规违纪问题的认识非常模糊。此外，一些地方人口流动性大、流出量大，一些村干部任职期长（个别的近30年），且监督和管理又跟不上，导致村干部的胆子越来越大。

责任缺失，监管乏力。低保资金申请要经过调查、评议、公示及复核、审查等多个环节，但有些乡镇审批部门以询问代替入户调查，以签字盖章代替组织评议，以指示村干部查看代替实地定期复核。县乡审批部门则以电话审查代替实地监督检查，致使审核流于形式。值得一提的是，一些乡镇也没有履行好监管职责，对村干部上报的各种申报资料把关不严，给心术不正的村干部提供了"便利"。

制度不健全，公开不足。一是涉及低保资金管理的制度较为笼统，没有明确责任主体、监督主体、操作程序和责任追究，缺乏针对性和操作性。二是有制度不落实、上级规定不执行，以个人武断代替制度管人、管事、管物，导致制度形同虚设。三是村"两委"未严格实行公开公示制度，存在选择性公开或个人说了算行为，导致群众对低保工作认识不足，对享受救助政策、情况不清楚，无法进行有效监督。

对策建议

强化廉洁教育。一方面，应根据基层干部特点分层次开展廉洁教育，不断增强教育的针对性和有效性，使基层干部增强纪律和规矩意识，树立正确的价值观和政绩观。另一方面，应充分利用已查处的低保领域典型案例开展警示教育，通过以案明纪、以案说法，引导基层干部从中汲取教训、引以为戒。

完善监督体系。县级民政部门要加强指导和监督，对发现的问题要追根究底，不符合条件的坚决不予批准。乡镇党委要落实主体责任，从严教育管理监督；乡镇纪委要把低保领域作为重点监督领域，做到常查常问，形成常态。此外，要大力发挥群众监督作用，鼓励群众向纪委和主管部门反映存在的问题，对群众反映的问题要认真核实回复。

严格责任追究。对低保申报工作弄虚作假、优亲厚友的违规违纪行为，要层层追究责任。村"两委"负有直接责任，出了问题，必须对责任人严肃问责，该给予纪律处分的给予纪律处分，涉嫌犯罪的及时移交司法机关。乡镇党委、政府作为主管单位，负有领导责任，若存在把关不严、"睁一只眼闭一只眼"的行为，也要严肃问责。民政部门作为业务主管部门，不深入调查，当甩手掌柜的，出了问题也要深刻检查，涉嫌失职渎职的要严肃追究。

规范评议管理。一是要规范评议关。组建村（社区）低保民主评议小组，评议小组成员由群众推荐、乡镇审查批准，评议工作在乡镇政府的指导下进行。对村（社区）民主评议通过的对象，安排专人入户调查，切实掌握其家庭经济收入和困难情况。在调查了解的基础上，联审联批，初步认定低保对象，建立档案，低保档案必须有所有入户调查人的签字，做到谁调查、谁签字、谁负责。二是要全面公示。先将评议确定的对象在村（社区）进行公示，民政局审批后，将低保对象在乡镇、村（社区）张榜公示，并将低保对象资金发放情况在政府网站进行常年公示。三是要严格动态管理。每年对所有在册的低保对象组织一次年度核查，不再符合低保享受条件的，应及时取消。

皱皱巴巴一纸举报扯出 23 只"苍蝇"

——四川省北川县一起村干部违纪窝案剖析

一张写在小学生作业本纸上的匿名举报信，反映的问题引起了四川省北川羌族自治县纪委的高度重视。在对被举报人问题纪律审查过程中，牵出一起涉及 23 名村干部的腐败窝案。因为严重违反纪律，涉案者付出了沉重的代价：1 人受到刑事处罚被行政开除，6 人受到党纪处分，16 人被诫勉谈话，共收缴、退缴违纪资金 50 余万元。

违反纪律，"自收自支"

2013 年 12 月，北川县纪委收到一张写在小学生作业本纸上的匿名举报信，信中颇为简单地反映安昌镇北山村党支部书记雷发太有经济问题。工作人员发现，作业本纸上的字虽不算端正，但笔锋刚硬、表述完整，举报人的用力和用心浸透在字里行间，经过研究，县纪委决定立即初核。

经查，雷发太，大专文化，中共党员。2008 年 1 月至 2014 年 2 月，先后任北山村委会主任、村党支部书记。

2011 年 10 月，北山村实施旱山村集雨节灌工程，补助款 150 万元下拨后，雷发太等人研究，在补助款中提取 7000 余元作为管理费，由雷发太自己保管，以账外方式，用于村上支出。

随后，执纪人员在对北山村 2008 年至 2014 年 3 月的财务情况清理中，发现雷发太经手的收入 14 笔，支出 38 笔，收支均未入账，收支品迭后，雷发太手中还余有现金 1.5 万余元。雷发太的行为已涉嫌违纪，县纪委决定立案审查。

深挖细查，群蝇现形

世上没有不透风的墙。执纪人员经审查发现，在雷发太任村委会主任期间，村上实施了水土保持项目、修建垃圾池、住宅风貌改造工程，他有在这些项目中独自或伙同他人虚报套取项目资金的问题。

村上收支不入账，财务管理乱如麻，甚至上两届的村干部都几乎每人手上有收入和支出，完全是一笔糊涂账。会不会还有人浑水摸鱼？

执纪人员对村里账目进行了清查，又发现村里实施集体林封山育林项目的入账支出票据存在问题，主要用于支付安昌镇林业站原站长胡远明以"工作费"等名义索要的费用，并发现其他村也存在类似问题。寻踪觅迹，延伸审查，很快查实胡远明以"工作费"等名义收取好处费共 5 万余元。

同时发现，安昌镇双福村党支部书记何永发等人在封山育林项目中，除按胡远明要求给其好处费外，还将多套出的资金由几名村干部私分，安昌镇在对其立案调查后，还查实该村虚报套取其他项目资金用于村集体支出。永昌镇红岩村党支部书记葛建、村委会主任唐永龙二人在县委、县政府要求各相关部门、单位对林业植被恢复项目进行自查自纠后，两人不考虑如何自查自纠，如何规范入账，而是想到本村的项目资金还剩余 4 万余元，自认为履行了看山护林职责的他们，在未经村集体讨论决定情况下，每人私自领取了山林看护费 2 万元。

纪律无情，名利尽失

真相浮出水面后，涉案人员纷纷积极退缴违纪资金，向组织深刻忏悔，雷发太主动辞职，但违反了纪律，就要付出代价，"过堂"的戒尺铁面无私。

雷发太身为村党支部书记，对北山村财务管理混乱，收支不入账，虚报套取资金负有直接责任，其行为已违反纪律，鉴于在组织审查中有减轻处罚情节，真诚悔过，县纪委给予其留党察看 1 年处分。涉案的其他 5 名往届和现任的村党支部书记、村委会主任、村会计分别被给予党纪处分，16 名有轻微错误的往届和现任村干部被一一诫勉谈话。胡远明犯受贿罪被判处有期徒刑 3 年缓刑 5 年，并受到行政开除处分。

严明纪律，惠农济民

这起违纪窝案之所以发生，主要原因有四：一是村里没有将涉农项目和惠农资金按"四议两公开一监督"向群众逐一公示，为其以权谋私、暗箱操作提供了便利。二是村干部共同违纪，以为"纪不责众"，出现了往届的和现任的村干部、项目监管人员沆瀣一气的情况，监督失效。三是涉案干部纪律观念淡薄，党性原则不强，想花就花，想拿就拿，自认为为村集体付出了很多，吃点拿点理所当然。四是主管部门对项目、资金跟踪督查不到位，使得涉农资金存在安全隐患。

如何确保国家惠农政策和涉农资金真正落到实处，不折不扣兑现到群众手里？建议：一是加强惠农政策宣传，普及到户，传达到人，使农民群众真正了解政策，让那些"我讲的话就是政策"的人失去赖以生存的土壤，让那些动机不纯的人无空子可钻；二是加强基层干部"普纪"教育，注重用村干部身边的案例教育他们，让他们知道违纪必然要付出代价；三是对已实施的"村务公开""村财乡（镇）代管""四议两公开一监督"等系列制度要盯紧落实，杜绝跑偏走样；四是健全完善网络举报平台和民生资金监管系统，进一步拓宽群众监督举报渠道，保障群众知情权，发挥群众监督权；五是加大查处力度，持续形成震慑，不仅要高度重视信访举报，还应主动从"街谈巷议"中收集农村干部办低保送人情、发补助福利优亲厚友等问题线索，把纪律和规矩挺在前面，坚决查处发生在群众身边的"四风"和腐败问题。

梦断书中"黄金屋"

——四川省合江县南滩镇原副镇长袁继勇
骗取专项扶贫资金问题剖析

古人云，书中自有千钟粟，书中自有黄金屋，书中自有颜如玉。寓意指依靠读书，丰富自己的学识，更好地实现自己的人生价值和社会价值。但四川省合江县南滩镇原副镇长袁继勇却会错了意，妄图利用手中职权，以贩卖农业培训书籍的名义骗取乡镇专项扶贫资金，最终竹篮打水一场空，身陷囹圄，悔恨落泪。

袁继勇，四川合江人，1975 年出生，19 岁参加工作，22 岁进入公务员队伍，27 岁到合江县扶贫移民局工作，因工作出色，深得领导和同事信任，2011 年被提拔为合江县佛荫镇副镇长，2012 年被省委、省政府表彰为"四川省十年扶贫开发工作先进个人"。

2017 年 5 月，袁继勇因严重违纪受到开除党籍、开除公职处分，其涉嫌犯罪问题移送司法机关依法处理。

与初心背道而驰

1994 年，风华正茂的袁继勇在合江一个偏远的山村做了一名山村教师，通过自己的努力和奋斗，于 2002 年选调到县扶贫移民局工作，因为工作关系，他经常参与扶贫项目验收工作。

他清楚地记得，有次到乡镇对项目进行验收，一名乡镇干部拿了包香烟给他，因为不会抽烟，他便将烟留在会议桌上，后因别人一句调侃"是不是嫌烟不好"，他便将香烟收下了。

这是他第一次碍于情面收下别人送的东西。从此之后，他渐渐地"轻车熟路"，从收土特产，到接受宴请，再到主动争取参与验收获取好处……与入职入党时的初心背道而驰，再也没有昔日的局促和忐忑。

落马后，袁继勇忏悔说："从收下一包烟，到参加一桌酒席，潘多拉魔盒一旦打开，就难以关上了。"

在 2014 年对福宝镇打撮坝村扶贫项目验收中，明知实际施工路段与规划路段不一致却在验收表上签字；在涉农企业贷款贴息项目中，伙同企业编造假资料骗取财政资金……袁继勇作为负责扶贫项目的具体经办人，本应好好珍惜这份人民给予的权力，对人民负责、为群众把关。可惜，公权成了他谋取私利的利器，成了争利时与人讨价还价的砝码。

疯狂敛财不择手段

2012 年，合江县实施扶贫开发整村推进项目，包含农村实用项目科技培训。袁继勇此时主要负责乌蒙山片区扶贫总体规划、乡镇扶贫项目指导等工作。他以县扶贫办名义要求乡镇编印农业培训资料。乡镇建议由县扶贫办统一编制，费用在项目资金中结算。这一建议使袁继勇看到了发财捷径，一系列筹划后，他打算利用扶贫书本修筑起自己的"黄金屋"。

2012 年下半年，袁继勇找到开办印刷厂的朋友黄某，共同在网上收集一些技术资料，拼凑成《合江县扶贫开发项目农村实用技术》培训资料。将原本实际印制价格在 8 至 15 元每本的培训资料，虚开为 25 元每本，继而从中牟利。

为掩人耳目，他让朋友之妻在银行新开一个账户，存折和密码交由他保管，并告之乡镇这是印刷厂账户，各乡镇在领取资料后将钱直接打进这个账户，造成他没有直接收钱的假象。在不到 1 年的时间里，袁继勇先后 3 次在黄某处印刷培训资料共计 2.7 万余册，通过增加印刷成本和虚开发票的方式，共骗取项目实施乡镇专项扶贫资金 47 万余元，截至案发时，袁继勇从所谓的印刷厂账户中取出 16 万余元用于个人买车、买房。

"受身边一些不怀好意的人左右，经不住物质利益的诱惑，错误地认为'人不为己、天诛地灭'，内心世界开始发生变化，开始讲吃、讲穿、讲排场、讲享受。"落马后，袁继勇忏悔说。

对抗组织滑向深渊

2016 年 5 月，县纪委收到一封群众举报信，反映某村扶贫项目的问题。县纪委顺藤摸瓜找到时任南滩镇副镇长的袁继勇。

在随后的调查中，调查人员发现各乡镇报账时都填报了上万元的扶贫资料，经与扶贫移民局领导和工作人员核对，调查人员决定扩大调查面，经过大量走访，基本摸清袁继勇的违纪问题。2016 年 7 月，鉴于其十余年的扶贫工作经历，调查人员代表组织找袁继勇谈话，希望他能主动交代问题，争取宽大处理。面对组织的挽救，他非但没有迷途知返，反而与利害关系人串通一气，对抗组织审查。

"面对着巍巍高墙、森森电网和不明的刑期，我常常黯然泪下，常常梦见女儿呼喊爸爸，梦见妻子伤心的眼泪、梦见年迈体弱的父母失望的眼神……"牢狱中的袁继勇写了长达 7 页的忏悔书，道不尽对父母妻女的愧疚，道不尽对青春奋斗的回忆，道不尽对未守初心的悔恨……可惜，世上没有后悔药，等待他的将是法律的严惩。

如此"互利互惠"要不得

——云南省弥渡县弥城镇红星村党总支
原书记李宝文腐败问题剖析

"身为村干部不想着如何带村民致富奔小康，反而费尽心机捞好处，受到党纪国法严惩一点都不冤。"云南省弥渡县弥城镇红星村村民在谈及该村党总支原书记李宝文为他人谋利、收受他人钱款问题时气愤不已。

2016年6月，弥渡县纪委对李宝文立案调查。经查，其在担任弥城镇红星村党总支书记期间，利用职务之便，在红星村实施的农村危房改造及2016年度扶贫开发自然村整村推进项目建设中为他人谋利，收受钱款共计9.8万元。2016年7月，李宝文被开除党籍，违纪款被收缴，涉嫌违法问题移送司法机关处理。

"2016年6月15日，县纪委工作人员带我到谈话室时，我觉得五雷轰顶，心像碎了一样，好像党和人民在指责我，家人在对我说，你把祖宗三代羞完了，我对不起组织，对不起群众，真的很后悔。"李宝文在悔过书中写道。

为利触纪，以权谋私

2013年11月28日，弥渡县发生4.6级地震，上级给弥城镇红星村下达了一批危房拆除重建指标。村上把指标分配到各自然村后，该村村民刘学武房屋受损却不在这批指标内。得知这一消息后，他向村委会主任周春文要了村党总支书记李宝文的电话，把自家情况同李宝文说了一下，李宝文表示"过几天瞧瞧"。后来，因该村村民鲁红光未按要求拆除重建，李宝文就把指标协调给了刘学武，刘学武便得到上级补助资金3.8万元。李宝文打电话给刘学武告诉他这一情况，刘学武表示一定要感谢他，李宝文说："认得好歹就行了。"

2015年10月的一天，刘学武打电话给李宝文，约他在弥城镇某超市南门口见面。二人见面后，刘学武在李宝文的车子副驾驶座位上将8000元现金拿给了李宝文。

李宝文出生在农民家庭，1989年3月在武警西双版纳支队服役，1991年退伍后在家从事农业、个体运输、百货等经营活动，2011年7月起任弥城镇红星村党总支书记。当选为村干部后的李宝文，与之交往的人渐渐增多，特别是得知2016年红星村要实施扶贫开发整村推进项目后，一些承包商为了争取更多的项目工程，经常邀请他吃吃喝喝，平日里也少不了走动走动，李宝文对这些人的企图心知肚明，却来者不拒，与其私交甚密。

心存侥幸，利欲熏心

尝到了甜头的李宝文，逐渐丧失了原则，开始利用职务之便违规插手扶贫项目建设，为承包商谋取利益，从中分得好处。承包商闻腥而至，把李宝文当人脉资源、把送钱当投资，进而通过扶贫项目"发点财"。

2014年，红星村村委会实施地震房屋铁件加固工程，李向荣想承建此工程，找到李宝文关照，并许诺给予好处。李宝文便想办法让李向荣取得了项目第三承包权。

2015年11月的一天，李宝文来到李向荣家开的铺子。为了表示感谢，李向荣将2万元现金放在李宝文的皮包内，李宝文坦然收下。此后，在2016年度扶贫开发自然村整村推进项目中，李向荣在李宝文的帮助下，分别获得了玉和庄村和独房子村两个标段的承包权。

"我把指标分给你，你给我'意思一下'也是应该的，正是这种我给你协调指标、你给我好处的'互利互惠'心理，使我一步步滑向违纪违法的深渊……"案发后，李宝文对自己的违纪行为进行了反思，他承认自己让权力冲昏了头脑，被金钱蒙蔽了双眼，因欲望迷失了自我，把扶贫项目当成了"生意"，丧失了原则。

贪婪成性，罪责难逃

苍蝇不叮无缝的蛋。"只要李宝文点头，没有干不了的活"，这已经成为承包商对李宝文的共识。他们看准李宝文贪婪成性的弱点，一次次主动找到他，进行权钱交易，李宝文在违纪违法的道路上越走越远。

得知红星村将实施 2016 年度扶贫开发自然村整村推进项目的信息后，承包商彭德林和杨云万也主动出击，以取得项目承包权。

2016 年 2 月的一天，彭德林与李宝文约在红星路与新庄路交叉口见面，到达约定地点后，彭德林从自己口袋里拿出 3 万元现金送给李宝文，李宝文假意推辞了一下，就收下了。2016 年 3 月，彭德林在弥渡县市场监督管理局门口将 2 万元现金送给李宝文，其后在整村推进项目中，彭德林获得了三垴田村和梨园阱村两个标段的承包权。

2016 年 2 月的一天，杨云万借搭乘李宝文的面包车从镇上回红星村之机，在途中行驶至山高村路段时，将准备好的 2 万元现金送给了李宝文。在之后的整村推进项目中，杨云万获得了白土田村和小庙村两个标段的承包权。

多行不义必自毙，李宝文最终为自己的行为付出了代价。2016 年 7 月，李宝文被开除党籍，违纪款被收缴，涉嫌违法问题移送司法机关处理。

书记主任一肩挑，任性妄为终被查

——云南省华坪县新庄乡良马村党总支原书记、村委会原主任贺林泽严重违纪问题剖析

2015 年底，云南省华坪县纪委接到群众举报，反映新庄乡良马村党总支书记、村委会主任贺林泽违规承包工程项目等问题。华坪县纪委高度重视，立即成立调查组到良马村进行查访。

"我们到村委会办事经常找不到人，打电话无人接听。"良马村群众向调查组反映，贺林泽在村里一个人说了算，村"两委"管理混乱。

"贺林泽的问题可能不止这些。"凭着职业经验，调查组决定对贺林泽进一步细查。

调查组首先从群众反映的贺林泽承包工程的问题入手，但没有收获，于是决定扩大核查范围。在对良马村近年来的项目建设、财务经费往来等情况进行一一核查后，贺林泽露出了马脚。

经查，2014 年贺林泽以村委会名义向新庄乡政府申请烤烟抗旱经费 3 万元和产业发展经费 2 万元，开具了 3 万元拉水费发票和 2 万元核桃苗款发票到乡财政所报账，但未入村委会账户。调查组对拉水费支付证明和核桃苗发放花名册进行仔细核实，并通过走访农户后发现，支付证明和花名册上的签名均不是农户所签，而是贺林泽伪造的。至此，贺林泽伪造报账凭证，套取集体资金的问题浮出水面。

据了解，贺林泽 27 岁便担任村委会干部，在村委会任职多年，书记、主任"一肩挑"长达 9 年，逐渐成了村里的"老大"。他在村务管理中独

断专行，村里惠农、基础设施建设等重大事项不开会，不经村"两委"班子讨论，基本上由他一个人说了算，"一肩挑"变成了"一言堂"。

该村虽然建立了村务管理相关制度，但财务开支审批手续不完善，部分开支单据无经办人签字，由贺林泽一人经手签字核销报账。资金收入不及时入账，财务人员直接被架空。村务监督委员会对村务决策过程和结果不知晓，不会监督、不敢监督，成了摆设。

"村委会公章是谁值班谁管，谁进城办事谁拿，使用不登记，想盖就盖。"良马村村民说。在贺林泽的领导下，良马村一派乱象，群众怨声载道。

任何无视纪律、任性妄为的行为都要付出惨痛的代价。2016年6月，贺林泽被给予开除党籍处分。8月，华坪县人民法院以贪污罪，判处其有期徒刑8个月，缓期1年执行，并处罚金10万元。

200 多只羊死亡换来的问责"清单"

——云南省麻栗坡县董干镇扶贫项目实施中失责问题剖析

500 只羊的养殖项目，对一个贫困镇来说，是一个承载着村民们脱贫致富希望的大项目，却由于各种原因导致 50% 的母羊死亡，造成中央财政扶贫资金损失。最近，发生在云南省文山壮族苗族自治州麻栗坡县董干镇的养羊产业半途夭折，该镇党委政府和相关负责人因此被问责的事件，引发了大家的关注和思考。

2016 年 4 月，国家审计署驻昆明特派办对 2013 年 11 月国家投资扶持的麻栗坡县董干镇 500 只能繁母羊产业扶贫项目进行审计，发现因群众无力饲养退回绿源合作社代养的 149 只能繁母羊，合作社未与农户签订任何补偿或分红协议的问题，随之进行了深入调查，从而牵引出背后的一串问题。

养羊扶贫，本是希望却变成失望

"看着一只只活蹦乱跳的羊在我们面前死掉，心里很难过，也很无奈！"农户对羊的死亡表示无奈和惋惜。

"我们主要采取补贴和从村外购买母羊两种方式将 500 只能繁母羊发放给 70 户农户分散养殖，羊虽然分发下去了，但没有做好检疫工作，我们也有责任。"合作社股东王启富说。

麻栗坡县是国家级贫困县，为了让百姓脱贫致富，2013 年 11 月，董干镇政府通过逐级申报，争取到投资 136 万元的 500 只能繁母羊产业扶贫项目，其中中央财政扶贫资金 50 万元，群众自筹及投工折资 86 万元。本想通过这一项目，架起一座带动本镇养殖产业发展的桥梁。但事与愿违，500 只羊并没有发展壮大，反而在两年多的养殖过程中，有 200 多只羊相继死亡，没让养羊产业做大，却让国家的投资遭受损失，本是希望却变成失望！

疏于监管，损失的不仅仅是钱

"最初为了预防小反刍兽疫的发生、传染，镇政府才将应由政府承担的能繁母羊统一采购工作交由绿源合作社负责的，没想到还是出了事情。"镇政府负责人介绍说。

经查，购买发放给群众养殖的 294 只能繁母羊未经检疫，加之合作社缺乏规范化养殖技术，集中养殖后因羊不合群等原因造成能繁母羊死亡，农户退回到绿源合作社代养的 149 只能繁母羊死亡 87 只，新发展农户缺乏管养经验，分散养殖的能繁母羊死亡 90 只，农户自行淘汰处置 70 只，造成中央财政扶贫资金损失 17.7 万元。

随着调查的深入，问题和症结清晰起来，作为项目实施单位的镇政府，没有对项目建设的质量和效益负起责任，也没有按项目批复和实施方案的要求对养殖户进行技术培训。麻栗坡县扶贫办作为项目主管部门，对项目实施的监管责任落实不到位。这样的"履职"，被问责是迟早的事。

严肃查处，责任单位和责任人被问责

"由于对所负责实施的项目抓得不实不细，失职失责，造成了国家财政扶贫资金的严重损失，我愿负直接责任，接受党纪处理。"董干镇党委委员、副镇长刘丕龙痛心疾首。因不正确履行职责，其被纪委立案审查。

镇党委副书记、镇长陶光树，镇畜牧兽医站站长郑鑫，皆因不正确履行职责，失职失责，分别给予谈话诫勉问责和通报问责。同样给予问责处理的还有董干镇党委、政府以及县扶贫办，因对扶贫项目实施主体责任不力，对该项目实施效益不高负全责。

群众利益无小事！当前，在国家大力推进精准脱贫，同步向小康社会迈进的进程中，谁对百姓不负责，谁就要对"不负责"付出代价。本是一项让群众脱贫致富的扶贫项目，由于干部的责任意识不强，最后领到的是一份沉重的问责"清单"，教训不可谓不深刻！

"这件事情教训是深刻的，提醒我们要时刻增强责任意识和服务意识，管好用好每笔扶贫款，不能白白打水漂，每一分钱都要花在实处用在明处用出成效。"董干镇党委副书记、镇长陶光树由衷地说。

抱团贪腐被一锅端

——云南省蒙自市新安所镇 5 名镇村干部
瓜分征地补偿款问题剖析

"蚁穴能毁堤，群蝗能毁田。基层'微腐败'虽看似事小，但关系人心向背；基层权力虽低，事关执政之基。"谈到云南省蒙自市新安所镇 5 名镇村干部违纪被查处，镇纪委书记刘乙佑感慨地说。

2016 年 11 月，新安所镇原副镇长何军因骗取征地补偿款、受贿问题，被开除党籍；2016 年 12 月，其因犯贪污罪、受贿罪，被判处有期徒刑 1 年 6 个月，缓刑 2 年，并处罚金人民币 20 万元，依法头行社区矫止，没收违法所得人民币 23.69 万元，上缴国库。其余 4 名违纪的镇村干部也分别受到处理。

将错就错，打开贪婪的口子

新安所镇因集镇建设被国家住建部列为全国五百家小城镇试点，首批 153 家示范镇之一。集镇建设的蓬勃发展，极大地改善了人民群众的生产生活环境，推动了地方经济发展。然而，建设过程中涉及的征地补偿款却变成了何军等人眼中的"唐僧肉"，而其贪婪的口子，竟是从一次错误的征地面积计算打开……

2011 年，在征地过程中，该镇国土分局工作人员工作失误，将庄区寨某村民 0.04 亩的征地面积错算为 0.4 亩。发现这个错误后，时任庄区寨村小组组长邓家应、村党支部书记罗维昌向时任镇国土分局局长何军报告此事。

三人共谋后，将多计算面积中的 0.26 亩土地征地补偿款 3 万余元发放至邓家应名下。随后，邓家应从此笔款中分给何军 1 万元。

东窗事发后，邓家应、罗维昌受到开除党籍处分。执纪人员坦言，镇干部经常与村干部工作、生活在一起，如果他们相互串通，抱成一团，形成利益共同体，就会筑成"保护圈"，造成窝案、串案。"只要分赃保持相对平衡，就可能存在内部人不点破、外部人看不透、上级管不着的情况。"

一错再错，欲望成为脱缰的野马

将错就错尝到甜头之后，贪腐的闸门打开了，有了第一次就有第二次、第三次……何军内心的欲望成为了一匹脱缰的野马。

2012 年，何军任镇国土所所长期间，在某工程征地量地过程中，南屯一组小组长陈龙找到何军，提出"争取多量一点地"给他。二人商量后，由陈龙在该工程征地面积明细表中，虚构了没有被征地的村民肖某某、杨某某、陈某某等的土地并上报，总面积为 0.691 亩，补偿金为人民币 5.3 万余元。

陈龙领到征地补偿款后，拿出 2.6 万元给镇国土所协管员史耀江，让其转交给何军。何军将其中 6000 元拿给史耀江，剩余 2 万元占为己有。

贪腐"二人转"给何军、史耀江带来了"甜头"。二人一唱一和，盯上了在宅基地安置过程中的"好处"：通过中间人"笑纳"感谢费。

2012 年，由于公路建设需要征地，涉及的一户拆迁户有两块宅基地，但是只使用了一块。了解到这一情况的史耀江萌生了一个念头："以拆迁户的名义按照正常的手续将两块都报批，之后倒卖给他人，得到的好处大家同享。"

面对金钱的诱惑，何军睁一只眼闭一只眼，没有制止史耀江的想法和行为。事后，史耀江用纸袋子装了 5 万元现金送给了何军，心照不宣地说："这是宅基地的那事儿……"

2012年，某村民因宅基地上面有高压线不能盖房子，请何军帮忙安排一块好的宅基地，并示意"到时候会好好感谢的"。

何军积极"汇报解决"，最终协调到了一块满意的宅基地，宅基地的主人约出史耀江，让其把钱送给何军表示感谢。"这样不好吧？""这是人家的一点心意。"客套之后，何军心安理得地收下了3万元感谢费。

执纪人员介绍，当听到周围有人因违纪违法受到查处，何军也担心过，还曾把收受的部分感谢费退还了当事人。可是，在"轻松赚钱"的利益驱使下，他抱着"自己被查到，就像中彩票头奖那样，概率几乎为零"的侥幸心理，一步一步走向贪腐的深渊。目前，陈龙和史耀江先后被开除党籍，涉嫌犯罪线索已移送司法机关依法处理。

铸成大错，悔之晚矣

何军于1994年退伍后，在蒙自市多个乡镇国土所工作过，到新安所镇工作后，先后任国土分局局长、国土所所长、副镇长等职务。曾经何军也是一名严守纪律规矩的党员干部，工作兢兢业业，但是随着年龄的增长和职务的升迁，他逐渐放弃了学习，放松了对自己的要求。

"总认为遵规守纪是职工的事，自己是领导干部，适当放松一下要求、适当自由一点也算不了什么大事，自己能把握住……"就这样，何军只知有权不知有责，忘记了自己身上的职责，潜移默化中对组织、对权力、对法纪、对人民的敬畏之心慢慢淡化，对上级指示精神视而不见，对领导讲话充耳不闻，总觉得违规违纪的事与自己无关、跟自己无缘，从而放松对自己的要求，事实证明，放松必然导致放纵，放纵也必然会与纪律格格不入，与纪律格格不入也必然受到纪律的惩罚。

"这几个月来辗转反侧，夜不能寐，愧疚吞噬了我。作为一名领导干部，我忽视政治学习，放松要求，渐渐偏离正确的世界观……"何军在忏悔录中写道。然而，悔之晚矣。

一封举报信牵出 46 条"蛀虫"

——云南省云龙县苗尾乡套取私分移民资金违纪窝案剖析

"该案案情复杂、涉案数额之大、人数之多，大理州近年来少见……"谈起云龙县苗尾乡套取私分移民资金案件，云南省大理白族自治州纪委副书记杨永生认为，现在执纪审查的案件数量比以前大幅增加，不管是纪律审查者，还是执纪审理者，都需要克服惯性思维，体现纪律特色，以纪律为尺子，不同的问题必须用不同的方式去处理。

2016 年 5 月 18 日，历时 3 个月的云龙县苗尾乡套取私分移民资金问题查处工作画上句号。整个审查过程坚持纪严于法、纪在法前和实事求是、不枉不纵的原则，分问题大小、严重程度，按监督执纪"四种形态"区别对待，共对 46 人作出处理，其中批评教育 14 人，党纪轻处分和组织处理 6 人，党纪重处分和重大职务调整 4 人，严重违纪涉嫌违法移送司法机关处理 9 人，司法机关直接立案侦查 13 人。

拔"烂树"，坚决根除"毒瘤"

这一系列违纪案件的查处，还得从一封举报信说起。

2016 年 2 月 16 日，春节刚过，大理州纪委就收到省纪委第六纪检监察室交办的一封信访举报信，举报内容多达 16 页，反映云龙县苗尾乡弄虚作假、套取、骗取私分电站移民资金等问题。云南省委主要领导和省纪委主要领导对信访举报问题作了重要批示。对信访件反映的问题进行初核后，大理州纪委成立专案组，对匿名举报信反映的问题深入调查。

调查发现，云龙县苗尾乡套取移民资金私设小金库、私分挥霍造成直接经济损失 100 万余元，以及乡、村干部合伙套取移民资金、串通投标等问题。

"苗尾乡党委原书记杨志宾，原乡党委副书记、乡长段文军在任职期间，安排虚套移民资金、扶贫资金、库区巡查资金、学生医疗救助资金、信访专项经费等共 412 万余元私设小金库，大部分用于吃喝、肆意挥霍、节假日慰问及私分。"参与查办此案的大理州纪委第二纪检监察室主任杨灿东告诉记者，党的十八大后、中央八项规定出台后、党的群众路线教育实践活动后，中央和省、州三令五申，严禁损害群众利益，但云龙县苗尾乡党委、政府主要领导，依然胆大妄为、肆无忌惮、顶风违纪，侵害群众利益，杨志宾、段文军受到开除党籍、开除公职处分，并被移送司法机关处理。

治"病树"，落实"惩前毖后、治病救人"方针

一封举报信，引出 38 个具体问题，牵扯出 46 人。移民资金变成了众人私分的"唐僧肉"，他们把手中的权力视为谋取私利的工具，相互勾结、共同作案，造成了从乡一级到基层站所，从乡领导到普通干部，从村"两委"到村民小组的群体违纪违法。

既要盯住拔除少数"烂树"，更要治"病树"、正"歪树"。如何坚持动辄则咎、用纪律尺子衡量党员干部的行为并作出恰当处理，成为摆在调查组面前的紧迫问题。

"案情复杂、人数多，材料看了无数遍……尽管有思想准备，但还是没想到那么多，大大出乎意料。"参与执纪审查的工作人员告诉记者，在立案审查过程中，大理州纪委始终突出纪律特色。在纪律审查环节，将违反"六大纪律"特别是政治纪律、组织纪律、廉洁纪律和违反中央八项规定精神问题作为审查重点，对照党章党规党纪衡量、处置违纪问题；坚持

快查快结与深挖细查相结合，发现违纪问题、查清主要违纪事实、固定关键证据后及时处理，违纪的给予纪律处分，涉嫌违法的及时移送司法机关；规范审理报告格式，用纪言纪语描述和报告违反党纪的情形和后果，真正体现和落实纪在法前的要求。

考虑到该案涉及人数多的情况，专案组反复分析研判，理清思路，先点后面，从村级入手，以苗尾乡水井村、苗尾村、乡移民站、乡政府相关重点人员为对象，以学党章、重温入党誓词、做思想工作为切入点，唤醒谈话对象的党员意识，分阶段、有步骤地开展核查工作。

"水井村党总支副书记、村委会副主任尹雪刚，违反廉洁纪律，违规报销燃油费3500元；参与虚报套取项目资金进行集体私分，受到党内严重警告处分，违纪资金按规定予以收缴……"本着惩前毖后、治病救人的原则，专案组对20名党员干部作批评教育、党纪轻处分和组织处理，占比43.47%。

严问责，把板子打到实处

"苗尾乡原乡长罗树翔在任职期间不履行主体责任，挪用移民资金400万元用于廉租房建设至今未还，套取农村危房改造资金110万元私设小金库并参与私分公款，受到留党察看一年、行政撤职处分。乡纪委书记董晓凯对抗组织调查，对身边长期存在的套取资金私设小金库、串通投标、滥发津补贴等问题疏于监管，被开除党籍，降为科员，调离纪检岗位……"

动员千遍，不如问责一次。案件调查组敢于动真碰硬，坚持失责必问、问责必严，4名乡党委、纪委主要负责人因履行"两个责任"不力被查处。此外，落实"一案双查"要求，分管联系苗尾乡的云龙县委常委、副县长张建荣受到党内严重警告处分；云龙县移民局局长杨云珍对移民资金监督管理不到位、工作失职，受到党内警告处分；云龙县纪委副书记杨成贵履行监督责任不到位，受到免职处理，并调离原单位。

　　云龙县一县直部门主要负责人告诉记者，这次"一案双查"倒逼主体责任、监督责任落实的效果立竿见影："作为部门一把手，不仅要管好自己，还要严格管理好单位里的每一名干部；纪委也要把自己摆进去，手电筒既要照别人，也要对着自己照。"

这般"肥水不流外人田"要不得

——重庆市大足区季家镇人大办主任丁桂友违纪问题剖析

"忘了自己党员干部这个身份,公私不分,没把纪律当成硬杠杠。"重庆市大足区季家镇人大办公室主任丁桂友剖析自己的违纪问题时坦承。

2015年夏天,大足区召开扶贫攻坚会议,部署扶贫工作,要求各镇各村结合本地实际编制实施方案,涉及工程建设的要按照招投标或议标、公示公告、签订合同、完善项目建设资料的程序来开展。

随后,季家镇对梯子村、柏杨村两个贫困村的扶贫工作进行安排,结合两个村的自然条件和市场需求,决定种植李子、核桃、花椒等经济作物。

"李子130亩、核桃380亩、花椒100亩,建成挂果后,只要市场不出现异常波动,就能从根子上解决两个村的贫困问题,村民可以实现就地就业脱贫。"季家镇一名参与扶贫工作的干部表示。

为了保证项目的迅速落实,季家镇安排镇人大办公室主任丁桂友负责这两个项目的具体实施。

"当时主要是考虑到他曾长期在镇农业服务中心任职,对这块工作比较熟悉,推动起来比较快。"季家镇相关负责人解释说。

丁桂友接到任务,并没有按照区里规定的"流程图"来开展工作,而是打起了自己的小算盘:"肥水不流外人田",妻子正在经营苗木种植和管护生意,何不让自家人来做?

但是,区里的规定丁桂友也清楚,他事后坦言:"有过思想斗争,却败给了侥幸心理，觉得自己熟悉农作物种植，妻子的公司又是现成的，这样的机会不愿错过。"

于是，丁桂友找到梯子村村委会主任罗红杰和柏杨村村委会主任周宗亮，向二人提出希望能将两个村子的种植和管护项目工程直接给其妻子所开办的公司来完成。

罗红杰、周宗亮一开始心里也是有些"打鼓"，但考虑到丁桂友是镇里的干部，平时也多有接触，碍于情面，二人便同意了对方的提议，未进行招投标或议标、公示公告，直接与丁桂友的妻子签订项目合同并开展了项目建设。

项目建设中，有认识丁桂友的村民发现来种植现场指导养护工作的都是他的妻子、岳父等家里人，而且他们还发现项目建设没有公示。村子里开始传言丁桂友假公济私，有的群众直接向区纪委进行了举报。

区纪委随即组成调查组，对丁桂友涉嫌违纪问题进行调查。面对调查，丁桂友一开始找各种借口为自己开脱，"这项工作时间紧、任务重、要求高，妻子的公司技术和资质符合条件，当时一心想完成任务，忽略了程序上的一些规定。"

"你是党员干部，利用本人职权或者职务上的影响谋取私利就是违反廉洁纪律。"调查人员对照《中国共产党纪律处分条例》，把丁桂友驳得哑口无言。

面对纪律规定，丁桂友逐渐认识到问题的严重性，承认了自己的错误，表示服从组织的处理，今后将严格对照党规党纪要求自己，绝不触碰纪律红线。2016年6月，大足区纪委给予丁桂友党内警告处分。

查处一案，警示一片。大足区将丁桂友的违纪问题在全区进行了通报，这个消息也在季家镇迅速传开。"现在干部管得严，我们举双手赞成。"一位村民表示，"特别是上面发下来用来扶贫的资金和项目，关系到我们的切身利益，干部不乱来，百姓才能得实惠。"

骗取危房改造金竟成"产业链"

——湖南省江永县扶贫领域腐败窝案剖析

2016年，湖南省江永县纪委接到群众举报，2.6万元危房改造资金不翼而飞。深查之后发现，这背后竟有一个由专门团伙造假行骗、村干部游说、县镇干部审批放行的造假骗取扶贫资金的"产业链"，涉案金额200余万元，涉及7名国家公职人员和6名村干部。

2.9万元危房改造金只剩3000元，
牵出专业造假行骗团伙

"2.6万元不翼而飞，钱都到哪儿去了？"2016年大年三十，当人们沉浸在春节的喜庆气氛中，享受家人团聚的欢乐时刻时，湖南省江永县源口自然保护局（现为源口瑶族乡）大田村的村民唐某、周某却在不安中度过。

过年前，危房改造资金终于发下来了，存折上显示国家拨付的危改补助资金每户应该有2.9万元，而领到手的却只有3000元，有2.6万元不见了。他们心急火燎地找到办理危房改造资金的源口自然保护局职工周雪霖和原妇女主任汪有玉，得到的回答却是上面只拨了这么多。

2016年2月14日，春节后一上班，唐某、周某就来到县纪委反映危房改造资金问题。

"危改资金也敢动，一查到底！"江永县纪委相关负责人态度坚决。

调查组深入调查发现，大田村共有 11 户村民的危改补助资金存折上显示拨入 1.4 万至 2.9 万元不等的金额，但 11 户村民反映实际到手中的资金只有 3000 元至 5000 元不等，而且申请的危房改造补助条件明显与家庭实际情况不符。

"这 11 户都是由汪有玉和周雪霖经手办理的。"线索集中指向汪有玉和周雪霖。2015 年，汪有玉、周雪霖到村民家中，说自己有关系、有门路可以申请到危房改造补助资金，村民们心想不要白不要，就按汪有玉、周雪霖的要求将手续和相关证件交给他们。

调查人员立即对周雪霖进行约谈，但周雪霖矢口否认。

这时，两名与周雪霖联系频繁的人员、潇浦镇四方井居民徐来春和粗石江镇矮寨村村民徐永富，进入了调查人员的视线，调查发现，徐来春多次到银行提取过大额危改补助资金。

在调查组的询问下，徐来春老实交代了他经手申报的农户名单，并交代了以蒲兆三为首的上线嫌疑人，徐来春和高泽进为下线，徐永富又是徐来春下线的造假骗取危房改造金的作案团伙。

他们又是怎么和汪有玉等干部牵扯到一起的？

贪欲作祟，监管缺位，镇村干部多人被收买

"贪，都是贪惹的祸。"江永县纪委办案人员说，2015 年，蒲兆三伙同徐来春、高泽进、徐永富等人，打着"为老百姓做好事"的幌子，在源口自然保护局、粗石江镇、桃川镇等地，以"能帮助申请危房改造名额而不占用乡镇和村里指标"等为借口，给予村干部好处费，让他们配合。收了好处费的村干部不但找到符合办理农村危房改造补助资金的农户进行游说，承诺办好后给每个农户 2000 元至 8000 元不等的补贴，还掩盖实情，对违规申报的危房改造户并不公示，村级审核的第一道审核"防线"形同虚设。

接着，蒲兆三等人又以相同的手段攻破了乡镇一级防线。

他们通过经常请吃饭、送土特产等方法,拉拢了时任桃川镇常务副镇长的罗春生;又以请吃饭和给予好处费 2 万元的方法拉拢源口自然保护局副局长廖健杰;以分好处费的方式拉拢了源口自然保护局的周雪霖……这些公职人员收了钱,又抱着"反正不占镇村的指标,又能帮群众争取到资金,最终审批还有县住建局把关"的侥幸心理,纷纷对违规上报的危房改造补助金审核予以通过。

何以如此猖獗? 链条上的关键人物浮出水面

蒲兆三等 4 人中有 3 人是普通农民,1 人是企业下岗工人,且都没有在住建部门工作过,何以对危房改造金申报审批程序如此熟悉,以至于轻松打通各个环节,尤其是县一级的关口——住建局?

"这些做法都是义胜祥告诉我的。"蒲兆三交代。他所说的义胜祥,就是造假骗取危房改造金这条"产业链"上的关键人物——手握全县危房改造资金的指标分配、管理、审批、发放等大权的县危房改造办公室主任。

蒲兆三与义胜祥相识多年。2013 年,义胜祥担任县危改办主任以后,蒲兆三觉得他手握大权,对自己有用,便想办法拉拢义胜祥。

"他虽然性格孤僻,也不抽烟、不喝酒、不打牌,但是有致命弱点。"长期交往中,蒲兆三知道义胜祥喜好女色,为进一步突破义胜祥的防线,蒲兆三便投其所好,多次安排他嫖娼。

当 2015 年蒲兆三提出帮别人办理农村危房改造补助资金来赚钱时,被成功围猎的义胜祥二话没说就将办理农村危房改造补助资金的流程和伪造优待证明、提高补助标准的手段全盘告诉了蒲兆三。

不仅如此,义胜祥还利用职权为蒲兆三一伙大开"绿灯"。有一些乡镇严格把关,不配合蒲兆三等人,蒲兆三就直接将农户资料送给义胜祥,义胜祥将信息反馈给申报农户所在的乡镇,要求该乡镇的危改信息员将信息录入系统,报到县住建局危改办备案审批。有了义胜祥的默许,县住建局的审核也是一路畅通。最终，蒲兆三一伙以112户危房改造户的名义申报农村危房改造补助资金294.2万元，其中发放给危房改造户71.97万元，骗取222万余元。

目前，蒲兆三、徐来春、高泽进、徐永富4人已被江永县公安局依法刑事拘留；义胜祥被县公安局依法刑事拘留；廖健杰被撤销职务，移送司法机关依法处理；时任粗石江镇党委副书记、镇长的郭为，受到党内警告处分；罗春生受到撤销党内职务处分。此外，源口自然保护局职工周雪霖等其他9名相关责任人，分别受到相应的党纪政纪处分。时任县住建局的党组书记、分管领导、纪检组长3人"两个责任"落实不力，被立案审查。

廉租房后藏"硕鼠"

——湖南省新化县住房保障系统腐败窝案剖析

2016 年初，湖南省新化县住房保障中心原主任游志雄因犯受贿罪被法院判处有期徒刑 5 年。

游志雄是新化县住房保障系统腐败窝案的主角之一，对他的判决，标志着这个发生在贫困县的腐败窝案暂时告一段落。

该窝案中，新化县委原正处级调研员、县住房保障指挥部原副指挥长游世友，县住房保障中心原主任游志雄，县房管局原党组副书记、副局长康飞剑，县住房保障中心党支部原书记伍俊涛，县房管局原党组成员王会雄等 7 人，因严重违纪，被开除党籍，并移送司法机关依法处理。

抱团腐败

新化县是国家扶贫工作重点县，自 2008 年中央实施保障性住房政策以来，国家每年在该县保障性住房方面投入大量资金，一幢幢漂亮的廉租房拔地而起。

然而有谁知道，在这些廉租房后面，却隐藏着一群"硕鼠"。

2015 年 4 月，有群众向省委巡视组和娄底市纪委举报，反映新化县住房保障系统的腐败问题。接到举报，娄底市纪委立即组织新化县纪委对举报问题进行初核。

举报中有一条线索：县住房保障中心多次向廉租房承建商收取赞助

费。调查组根据这一线索，找到了新化县某房地产公司总经理刘某。而此时刘某正因非法集资被羁押在看守所。刘某交代，县住房保障中心原主任游志雄先后两次以办公经费不足的名义，向他索取40万元。

调查组随即找到游志雄。游志雄起初矢口否认，但当他看到调查组展示的证据时，感到再也无法抵赖，开始吞吞吐吐地交代问题。

由此，新化县住房保障系统的贪腐窝案浮出水面。经过60余天的斗智斗勇，调查组揪出了该县廉租房里的15只"硕鼠"，追缴违纪资金450多万元，为国家挽回经济损失2000多万元。

"该案是一起内外勾结、集体违纪的窝案。"执纪人员介绍，案件涉及面广，牵涉人员多，涉案人员包括县处级干部，县房管局一把手、班子成员和中层骨干，乡镇普通党员，以及长沙、娄底、新化的各类开发商。游世友、康飞剑、王会雄、伍俊涛4人经常聚在一起，就工程建设的招投标、规划设计方案、小金库资金的分配进行密谋，集体作出贪腐"决策"，瓜分赃款。

主责不担

在新化县群众眼里，县房管局是个好单位，但是杨自康自2013年1月任房管局局长后，总感觉有一些不如意的地方，比如局机关只有两台公车，"用不过来"，购车一事迟迟得不到解决。

这时，游志雄不失时机出来帮局长"排忧解难"。他悄悄告诉局长，指挥部游世友的那台车不好用了，正想通过廉租房承建商换一台越野车。"是不是干脆搭车，一起再搞一台车？"

杨自康想想，是个好主意，便答应了。几个月后，房管局机关院子多了一台价值30余万元的白色越野车，由局长的司机驾驶，主要供局长使用。

2013年2月春节临近，游志雄向局长杨自康汇报："春节到了，需要拜访一些领导，争取上级对工作的关心支持。"

杨自康面露难色："局里的经费有限，且不好处理……"

"经费的事情你放心，我从指挥部搞定，以前都是这样干的。"

看到游志雄信誓旦旦，杨自康也就没有反对。几天后，游志雄将 5 万元现金送到杨自康办公室。

之后的端午、中秋和春节，游志雄又以相同的方式，分别提供 3 万、3 万和 5 万元给杨自康，让其在节日期间代表单位去走访领导、协调工作。

2014 年 4 月，在游志雄离开住房保障中心主任岗位后，杨自康协调安排时任房管局党组副书记、副局长的康飞剑兼任住房保障中心主任一职。康飞剑对前任游志雄"借鸡生蛋"的方式"一如既往"，短短一年时间里就贪污受贿 31.5 万元。"看到前任游志雄利用手中的权力'借'了不少钱，我确实有点眼红，就照葫芦画瓢了。"落马后，康飞剑后悔莫及。

杨自康将主体责任置于脑后，对下属或言听计从或听之任之，触犯了党纪红线。杨自康的前任陈旺，2006 年 8 月至 2012 年 12 月任房管局党组副书记、局长，在任期间，该局住房保障中心财务管理混乱，违规向廉租房工程建设承包商收取赞助费 90 万元，设立小金库用于联系工作和发放补助。在任期间，该局多人违纪违法，两人均负有领导责任。

因履行主体责任不力，县纪委对县房管局前后两任局长陈旺、杨自康严肃追责。陈旺被开除党籍、行政撤职，杨自康被给予党内严重警告、行政记大过处分。

监督缺位

"廉租房里养出这么多'硕鼠'，究其原因，固然有主体责任缺失的问题，更重要的还是监督不到位。"新化县委常委、县纪委书记刘岚平说。

2011 年 6 月，新化县成立了住房保障指挥部，指挥长由分管城建的副县长兼任，游世友任副指挥长，负责日常工作。

游世友担任过县委常委、宣传部长，2011 年任正县级干部，其资历比指挥长要老，以致指挥部开会做决议大多由他说了算。

指挥部是个临时机构，没有纪检监察派驻机构。县住房保障中心是县房管局二级事业机构，代替指挥部行使保障性住房工程建设的法人职能。指挥部的决策由其负责执行，不需要报经县房管局党组。住房保障中心看起来既接受县房管局的管理，又接受指挥部的领导，其实谁都管不着，这种体制不仅造成了党风廉政建设主体责任不明晰，而且监督严重缺失，腐败就在这夹缝中"见缝插针"。

身为住房保障指挥部副指挥长的游世友，手中掌握着价值上亿元的项目，他利用职务之便，大肆受贿。上梁不正下梁歪，康飞剑、伍俊涛职务不大，但掌握着工程预算、项目资金安排等权力，于是利用手中权力疯狂敛财。

"如果有人监督、有人提醒，我不会犯这样的低级错误，真是悔之晚矣……"落马后，游世友在忏悔书中写道。

"离群众最近的干部"却危害群众

——湖南省郴州市苏仙区栖风渡村腐败窝案剖析

村干部官小权大，是"离群众最近的干部"，他们一旦违纪，影响恶劣。

2015年6月以来，湖南省郴州市苏仙区纪委严肃查处了一起发生在群众身边、群众反映强烈的基层农村党员干部违纪案件。这是一起离群众最近，直接损害群众利益，严重影响党和政府形象的典型案件。窥一斑，见全豹，群众身边的腐败问题还需加大力度惩治。

主要案情

2015年6月，苏仙区纪委收到群众实名来信举报，迅速组织力量查处。经查，栖风渡村党支部书记雷云平、村委会主任邓茶贵、村出纳邓代连等人在任职期间，存在严重违纪问题：一是利用职务之便，在协助管理农村改厕项目补助资金的过程中，将国家下拨的补助资金6.08万元占为己有；二是通过虚签合同、虚开票据套取村集体资金81.3348万元；三是以办理村务为名，请客送礼、大吃大喝，挥霍浪费集体资金。2015年11月，雷云平、邓茶贵、邓代连分别受到开除党籍处分，并移送司法机关处理。

问题特点

一是雁过拔毛，截留贪占以权谋私。本案中，栖凤渡村2013年1月至2015年6月期间，共向上级部门争取新农村建设资金、改厕资金、水利建设资金、居家养老资金等各项补助资金224.17万元。而这些向上级争取来的资金，大部分并没有真正落实到所申报的项目和群众身上，有的甚至全部被村干部蚕食瓜分。如2012年初，该村以村民鱼塘整治维修的名义向上级争取到财政奖补资金7万元，但其中支付给村民的只有7000元。

二是账外设账，集体资产任意挥霍。由于缺乏有效的制约和监督，该村财务管理混乱，村干部经常以办理村务为名，请客送礼、大吃大喝，挥霍浪费集体资金，2013年至2015年6月，2年多的时间内招待费支出高达65.2296万元。

三是沆瀣一气，村组干部抱团腐败。该案中，腐败主体既有村支书、村主任，也有村出纳，甚至不是"村官"的村民小组长也参与进来，呈现出集体腐败之态。2013年12月至2015年2月，该村以下拨村民小组的农村基础设施建设款、环境整治款、水利建设款、维修水渠款及健身器材场地建设款等名义，先后串通多名村民小组长，套取村集体资金39.675万元。

原因分析

干部素质不高。有的村干部缺乏干部必备的基本素质，对村官的职责认识不清，纪律观念淡薄，对自己行为的后果判断不明，往往为利所动，随心所欲，想花就花，想拿就拿，肆无忌惮。加上村干部工资普遍不高，每月约800元到900元，有些村干部认为自己为村集体付出了很多，到村集体吃点拿点理所当然。

财务管理混乱。财务管理缺乏明确的分工，谁当干部谁管钱，谁收钱谁保管，形成村干部人人管钱管物的局面；从事财务的人员不懂会计业务，账目设置不规范，财务审批不严格，在使用资金时先从行政账上预支行政开支费用，再用票据来冲账，招待费用票据多且基本都没有明细。

监督缺位。村务监督委员会形同虚设，乡镇财政部门和经管部门也没能履行审核票据的真实性和合理性的职责，直接将村集体上缴的票据装订成册，完成报账程序，给"村官"违纪提供了可乘之机。加之村"两委"办事透明度不高，村务公开力度不够，群众看不到每笔开支的具体走向，很难发现漏洞，村民民主监督无从谈起。

惩戒乏力。村干部一旦出现经济问题，除了追究其本人的责任之外，一般鲜有追究有关部门的监督责任，这在很大程度上致使监管责任难以落实到位。而且有的村组干部既非党员，也非监察对象，纪检机关无法对其实施有效监管，同时，"村官"腐败普遍数额较小，有些地方检察机关往往不愿介入，最后容易导致"村官"腐败的监管"有法无天"。

移民局上演"饕餮宴"

——湖南省慈利县移民开发局套取移民后期扶持项目资金违规发放福利窝案剖析

在移民开发局的职能中，有一项就是维护移民的合法权益，确保移民资金惠及移民。

然而，湖南省慈利县移民开发局却完全背弃了宗旨，从维护民利者变成搜刮民利者。前后三任局长前仆后继、班子成员上阵操作、普通干部职工威逼暗示，6年里39名干部职工的目标只有一个：套取移民资金发福利。

2016年，慈利县纪委查处了这起套取移民后期扶持项目资金并以单位名义集体私分的违纪问题，涉案的39名干部职工中，13人接受组织审查；县移民开发局党支部被改组。

套取移民资金发福利是惯例？拔出萝卜带出泥

2016年3月，"县移民开发局套取移民资金，违规发放福利……"的举报不断，引起了张家界市纪委的关注。市纪委立即要求慈利县纪委迅速展开调查。

时任县移民开发局党支部书记、局长的刘忠等人套取移民后期扶持项目资金并以单位名义集体私分的违纪问题，很快被查实。

"这是惯例，我们以前都是这么发的。"调查过程中，被调查人员一句不经意的话引起了调查组的注意。

"一查到底!"市、县两级纪委领导态度坚决。

拔出萝卜带出泥。调查组人员顺藤摸瓜,前任党支部书记、局长谷臣毅和再前任党支部书记、局长向佐彬在任期间类似的违纪事实逐渐浮出水面。

2010 年底,向佐彬任县移民开发局党支部书记、局长。为了激发干部职工工作"积极性",经班子开会"民主"商量,移民开发局通过移花接木的方式套取移民资金 10 万元,给每名干部职工发放政策外购物券 3000 元,共计 9.3 万元。

从此,慈利县移民开发局党支部为套取、私分移民资金开了个坏头,一场靠山吃山的"饕餮宴"上演。

撕去"遮羞布"明着来,前任开头后任接棒

2011 年初,谷臣毅由乡镇党委书记调任县移民开发局党支部书记、局长。刚开始,他并不知道有政策外福利待遇的"门道道"。

"年底了,该考虑干部职工政策外福利了,像烤火费、工会活动补助、会议结余补助、食堂经营节余补助等,都是惯例性发放,一来大家都高兴,二来资金嘛也有来源,可以在移民项目资金中运作,没问题的。"2011 年底,"足智多谋"的分管财务的副局长彭永洲适时向谷臣毅提出建议。

"给每名干部职工发放 3000 元购物券,其他待遇 1000 元……"谷臣毅爽快地接下了这个套取、私分移民资金的接力棒。

在局长的"给力"下,县移民开发局从 2011 年到 2014 年 3 年多的时间,套取移民资金 87 万元、行政及其他经费 22 万元,以春节开门红、食堂结余补助等名目累计私分 91.7 万元。

自此,套取、私分移民资金的"遮羞布"被完全撕开,一发不可收拾,纵使是党的十八大之后,纵使在全面从严治党形势下,也挡不住移民

开发局上下靠山吃山的脚步。

2014 年 8 月，刘忠由县委政法委副书记调入县移民开发局任党支部书记、局长，其在政法部门工作多年，本应对党纪国法有基本的敬畏心，然而，他也没能挡住"用福利打开局面，谋全局上下团结发展"的错误政绩观影响。

"新局长到任后，应有新气象、新待遇……"2014 年 11 月的一天，刘忠在食堂吃午饭，部分干部职工议论，故意让刘忠听到。"以前每年年底都会给干部职工考虑发点福利待遇，今年是否比去年多一些，局长就看您的了！"在 2014 年底的一次班子会上，有几个班子成员干脆直接撂话。

对于这些福利待遇，初来乍到的刘忠一时感到有些意外，可是见其他班子成员也持同意意见，思考片刻后，刘忠当场拍板："年底比去年多发一点，别像以前一样藏着掖着的，今年给每名干部职工发放 3000 元购物券，其他待遇 2 万元。大家公正公平，这样有利于'团结'。"

2014 年 8 月至 2016 年 3 月，仅 1 年多时间，县移民开发局就套取移民资金 96.7 万元、单位行政经费 18.7 万元，共计违规发放福利 87.6 万元。

上山打猎人人有份，职工扬言不发福利就告状

在这场"饕餮宴"上，慈利县移民开发局可谓是上山打猎人人有份，班子成员全部出动，财务人员、业务股长直接操办，干部职工，连同已退休人员、拟调离人员人人有份，全局 39 名干部职工全部涉案，个人违规所得高的达 12 万元左右，少的也有 2 万元。

2014 年底的一天，县移民开发局召开班子会讨论单位干部职工福利待遇，决定以拨付县芙蓉实业蔬菜基地生产扶持资金的名义购买购物券，班子成员朱金化、刘双全、牟家卫、赵小霞、刘任权均表示同意，最后经时任局长刘忠同意，安排朱金化具体去经办这件事。刘双全代表县移民开发局和芙蓉实业有限公司签订了拨付生产扶持资金协议，移民项目资金报账审批栏有规划计划股股长签的"核"、后扶股股长签的"核"、纪检员赵

小霞签的"同意"、分管领导刘双全签的"核",领导审批一栏有局长刘忠签的"同意",通过此方式套取移民资金 13 万元。

慈利县委常委、县纪委书记侯毅介绍,就这样,从 2010 年底至 2016 年 3 月,县移民开发局采取虚假拨付产业扶持资金、大库放养资金等方式套取移民资金 190 余万元,给干部职工违规发放福利 180 余万元。

看似稳定团结的工作环境,看似和谐的上下级关系,实则都是利益驱动下的庸俗关系。这样的关系,怎能长久?

2015 年上半年,慈利县委、县政府的相关领导和刘忠谈话,要求其管理好移民项目和资金,面对领导的提醒和告诫,刘忠有所警醒,回去召开会议,表示当年不再违规发放福利。

"不发怎么行? 如果不再发放,我们就告状,只要发了,以后查起来我们坚决不说,我们可以发毒誓!"部分干部职工步步紧逼。

有"软肋"在身的刘忠就这样屈服了。

"移民资金是血汗钱,沾不得;移民资金是救命钱,贪不得;移民资金是高压线,碰不得。可是,我沾了、碰了,结果呢? 头破血流……"2016 年,当这场"饕餮宴"狼狈落幕时,刘忠才幡然悔悟。

骗五保金？吐出来！

——湖南省临武县花塘乡东村党支部原书记 石福兴违纪问题剖析

2017 年 4 月，湖南省临武县通报了一起"雁过拔毛"式的腐败典型案例：临武县花塘乡东村党支部原书记石福兴于 2005 年至 2014 年间，违反廉洁纪律，利用担任村党支部书记的便利，将继父石某申报为五保户，骗取五保金共计 1.266 万元。2016 年 12 月 14 日，临武县纪委给予石福兴留党察看 1 年处分，违纪款项予以收缴上缴国库。

"何不把继父作为五保户报上去"

石福兴是临武县花塘乡人，1991 年起任花塘乡东村村委会会计，2002 年至 2014 年 2 月连续 3 届任花塘乡东村党支部书记。他自幼丧父，1962 年随母亲改嫁来到继父石某家。1999 年，石福兴的母亲去世，他便从乡下搬到了县城，把继父一个人留在了乡下居住。

2006 年 5 月的一天，身为村支书的石福兴收到乡政府下发的关于申报农村五保户的通知，顿时心生歪念："何不把继父作为五保户报上去？"于是，他把继父的身份证和户口本等资料复印，填写《五保户供养待遇审批表》，并代替继父签了名。

石福兴怕大家说闲话，便未将此事列入村委会会议进行研究评议，而是单独找到村委会主任："我家老头要去敬老院住，我怎么能让他去那住呢？干脆帮他申请一个五保户算了，让他有点生活来源，免得天天叫嚷着去敬老院。他填了个表，你签个字证明一下吧。"

村委会主任本想拒绝，但村支书发话了，碍于情面，便签了个字，这样就轻而易举地初审过关了。

接着，石福兴又骗得了县民政局的审批，乡亲们都未察觉。

"我知道他们没空下来审核"

纸终究包不住火。2016 年 6 月，16 名村民将石福兴的问题联名举报到了临武县纪委。

经过对村委会主任、会计、村民及乡政府民政员的外围了解，查阅核实相关书面资料，调查人员掌握了一定的证据材料。于是，调查组正面接触了石福兴。

"石某申请五保户的资料是怎么经过村里初审通过的？乡政府、县民政局就没有派人下来实地审核吗？"调查人员问道。

"全县那么多个乡镇、村组，我知道他们没空下来审核，自己村里嘛，都是熟人，互相照顾一下。"石福兴说。

经查，2007 年以来，县民政局共向石福兴继父石某存折中发放五保金 1.266 万元。2014 年 8 月石某去世，石福兴没有及时上报，石某的五保供养金一直发放到了 2014 年 12 月。

2016 年 12 月 14 日，石福兴受到留党察看 1 年处分，所骗取的五保金全部收缴并上缴国库。

编造"渔民"身份，骗取解困资金

——湖南省道县白马渡镇 4 名镇村干部合伙造假

尹福贤、熊昌飞、熊平太，分别为湖南省道县白马渡镇古木洞村村党支部原书记、村委会原主任、村秘书。冯盛茂为白马渡镇副镇长。

作为基层干部，4 人本应珍惜群众对他们的信任，为民谋福利，然而，他们却利用职权，无中生有凭空造出虚假"渔民"，骗取渔民扶贫解困资金 2 万元，成为"蝇贪"的典型。

2016 年 2 月，尹福贤受到撤销村党支部书记职务处分；熊昌飞受到撤销村党支部委员职务处分，责令其依法辞去村委会主任职务；熊平太被移送司法机关处理（非党员，被查处时无职务，由司法机关惩处）；冯盛茂（非党员）受到行政记过处分。

无中生有造出假"渔民"

2010 年下半年，道县白马渡镇政府召集村两委干部开会，宣传上级有关渔民解困政策。

一向以"点子多"著称的尹福贤心中暗道：机会来了。于是，在开完会后，尹福贤立即叫来熊昌飞、熊平太在自己家里吃晚饭，开了个"碰头会"。尹福贤说，村里虽然没有符合政策的对象，但是可以争取一个指标，适当给对方一点，剩下的可以为村里增加一点活动资金。

"这样做会不会犯法？"席间，熊平太觉得还是小心为妙。"没事。我们不搞，别的村还不是搞。怕死就发不了财。"尹福贤一副成竹在胸的样子。此刻的他，早已忘记了自己共产党员的身份，将党纪国法抛到了九霄云外。

"那镇里那边怎么解决？我们是瞒不过镇领导的。"熊昌飞提出了自己的顾虑。

"放心，我跟镇里的冯镇长关系好得很，上边的事我来摆平。"尹福贤信誓旦旦，打消了大家的顾虑。

见一把手态度坚决，熊昌飞和熊平太也硬气起来。三杯酒下肚，熊昌飞"急于表功"，便提出以熊芬太的名义申报渔民解困户。熊芬太住在熊昌飞的屋边上，家庭困难，当时在建新房，又长年在外打工，建房子具体事是由他堂哥熊胜太做的。以熊芬太的名义申报渔民解困户，既可以让熊芬太感恩，又能让知道的人尽可能的少。于是，三人骗取渔民解困金的预谋便开始逐步实施。

上下串通骗取渔民解困金

在尹福贤的"安排部署"下，3人分工协作：熊昌飞负责与熊胜太、熊芬太联系，说服2人申报解困渔民；熊平太负责以熊芬太的名义写渔民解困户申请报告；尹福贤负责向分管渔民解困事务的副镇长冯盛茂疏通关系，递交申请报告。

于是，熊昌飞第二天找到熊芬太的堂哥熊胜太，把"向上级争取补助"的"好事"告诉了他。熊胜太拿不定主意，就打了个电话给熊芬太。当时熊芬太建房正缺钱，认为这是村干部照顾自己，便二话不说答应了，还在电话里对熊昌飞连连称谢。

尹福贤在冯盛茂的办公室把虚假渔民申请报告交给了冯盛茂，并承诺事成之后将给予冯盛茂一定的酬劳。

此时，如果冯盛茂断然拒绝，一切也许不会发生。但是，冯盛茂认为自己不是共产党员，年龄偏大，上升基本没有希望，不如趁机捞一把。

于是，明知报告造假，他也没有扣下，而是将其报给了上级。

事情很顺利。在渔民解困户申请报告报送上去不久，上级分两次下拨了熊芬太渔民解困资金共 2 万元，尹福贤、熊昌飞等人分 4 次从白马渡邮政支局取出这笔钱，并把其中的 1.2 万元私分，3 人各分得 4000 元。剩余 8000 元，尹福贤兑现"承诺"，把其中的 4000 元送给了冯盛茂；3000元给了熊芬太；1000 元用作"活动经费"。

抱团违纪受严惩

4 人拿到钱后，自以为神不知鬼不觉，把钱全部补贴家用，挥霍一空。然而，天网恢恢，疏而不漏。几年后，群众将尹福贤、熊昌飞、冯盛茂等人举报到县纪委。

在调查组调查取证期间，古木洞村村民积极协助镇纪委调查组工作，还提供了与案情有关的一些线索和证据。在群众的强大压力下，尹福贤神情凝重地走进了镇纪委，主动交代了自己和熊昌飞等人套取并私分渔民解困资金的事情，并退出了违纪所得，希望得到组织的宽大处理。几天后，熊昌飞、熊平太、冯盛茂也到镇纪委作了交代，如数退还违纪所得。

"作为一个老党员，犯了这样的错误，我感觉对不起党对我的培养。我一定改过自新。"尹福贤后悔不迭。

"我认识到这个事已经做错了，这件事不应该做的，造成了坏的影响。我对不起村民对我的信任。"熊昌飞说这话时，老泪纵横。

"身为一名基层干部，我辜负了组织对我的培养。犯了这个错误，我在亲戚、朋友面前都抬不起头。实在是痛心疾首。"冯盛茂现在回想此事，还寝食难安。

"多年威信，毁于一旦。"尹福贤、熊昌飞等人作为基层党员干部，本应知纪守纪，多为村民谋福利，却因一己贪念，将黑手伸向渔民解困资金，最终走向违纪的深渊。

截留脱贫款，助骗救灾钱

——内蒙古自治区武川县得胜沟乡前窑子村
村委会原主任康有亮腐败问题剖析

2015 年 3 月，内蒙古自治区武川县纪委根据群众举报，严肃查处了该县得胜沟乡前窑子村村委会原主任康有亮套取使用牧草补贴、未及时发放公益林补贴、冒领已故五保户退耕补贴、变相处理村务其他支出的案件。最后，康有亮受到开除党籍处分，其他负有责任的村干部也受到了相应的纪律处分。

消息一经公开，村里炸开了锅："开始还以为政府不管不问我们呢，原来是村委会主任把该发的钱给扣下了。""国家的好政策就是被这些歪嘴的和尚把经念歪了。"

盯上惠农资金，截留、冒领无所不用其极

前窑子村是得胜沟乡一个较偏远的行政村，山多耕地少，土地贫瘠，人口不足 1000 人，农民以畜牧业及种植少量耕地为主要生活来源，生活水平相对较低。

近年来，国家针对"三农三牧"的一系列强农惠牧政策相继出台，大量惠农惠牧项目、资金涌向农牧区，同样也惠及了地处边缘山区的前窑子行政村。

"我当时根本没想别的，就感觉这个钱以前也没发过，村里乡亲们也

不知道，不发也没事。"调查时，康有亮对办案人员说。

也就是在这种侥幸心理作祟下，康有亮私下伙同几个村干部开始谋划截留牧草补贴。"我们互相联系村里关系好的朋友或者亲戚，和他们说借卡号用用。碍于情面，基本上没有人反对。"一名涉案村干部说。

就这样，补贴款就被"名正言顺"地打到村民户头上，又由康有亮他们从农户手中把钱收回，用于村内各项支出。2012 年至 2013 年，康有亮等人共套取挪用牧草补贴 2.43 万元。

按政策规定，对享受退耕补贴的农户，在死亡后且无继承人继承时，其退耕补贴经村集体研究后应进行调整或上缴财政。为了达到冒领退耕补贴的目的，康有亮可谓是费尽心机，对已故五保户死亡事实加以隐瞒，多次伙同村干部伪造领取手续、签字。

"人都死了，钱也花不着，不如用他的钱为村里做点贡献。"本着这种错误思想，康有亮等人在 2010 年至 2012 年间，共违规冒领已故村民退耕补贴款 1782 元。

怕得罪人，放任农民套取农业保险理赔款

农业保险是专为农业生产者在从事种植业、林业和畜牧业生产过程中，对遭受自然灾害等所造成的经济损失提供保障的一种保险。国家对农民的保障政策能不能落到实处，村干部也是重要的一环。

康有亮作为村委会主任，在各自然村农户申报小麦种植面积及农业保险投保面积工作中，对部分农户申报情况没有准确核实。在他看来，"都是一个村的，有的还是本家，这个我叫舅舅，那个我叫婶婶，他们就是多报点，我还能说？把人家说恼了，轻了骂几句，重了拐杖就打在头上了。"

填报过程中，有的村民认为"多报多领也不是领康有亮家的钱""我投了你一票，你就得听我的"，康有亮面对村里人的错误想法和言论，非但没有挺身而出，及时制止，反而想当"好人"，怕得罪人，怕丢选票，

对部分村民虚报种植面积放任自流，"睁一只眼、闭一只眼"，为多户农民套取农业保险理赔款提供了"便捷通道"，直接影响了农业保险政策的落实。

"推躲靠"侵占公益林补偿金，把戏终被戳穿

给农户兑付公益林补偿金是促进生态林业、民生林业发展，改善生态环境，维护农民合法权益的一项政策性很强的工作。2014年3月，上级对前窑子村足额拨付了首批公益林补偿金，康有亮本该第一时间把这件利国利民的好事告诉全村人，但是他却又一次动起了"歪脑筋"。"这个政策镇里也宣传过，好多人都知道，如何才能把这笔钱搞到手?"康有亮明明能感觉到这是一个"烫手的山芋"，但被利益冲昏头脑的他，还是决定冒险吞下这笔钱。在之后的很长一段时间里，他采取"推躲靠"的方式，对来兑付补偿金的村民先是推托说钱还没下来，要不就躲着不见村里人，村民逼得紧了，他就说等几天，编出"镇里会计不在""银行支票换不了""盖不了章"等各种理由，不断拖延发放时间。

最终，村民看穿了他的把戏，向上级部门举报了他的违纪行为。经调查，截至案发，康有亮除给部分农户兑付了补偿金之外，还有相当一部分村民的补偿金没有得到兑付。

民政办咋成了私人领地

—— 江苏省淮安市淮安区南闸镇民政办原助理董绕琪、
原报账员沈怀宝严重违纪问题剖析

2016 年 4 月，江苏省淮安市淮安区开展民政资金专项整治，抽查中发现南闸镇民政办的账目非常混乱，区纪委立即组织调查，时任该镇民政办助理的董绕琪、报账员沈怀宝销毁证据对抗组织调查，私分五保经费、慈善捐款等民政资金的问题浮出水面，二人均被开除党籍并移送司法机关，目前该案进入法院审理阶段。

欲盖弥彰，毁账退款露马脚

专项整治开展时，南闸镇民政办接到递交账目的通知，董绕琪和沈怀宝商议，认为区里面查的可能是公款吃喝问题，于是一起撕毁了账册中9590 元含有酒水的菜单附件，想要规避组织调查。拿到该办账目后，区纪委发现账目中存在收支不等、白条入账、部分原始凭证附件缺失等问题，沈怀宝被要求前来核对账目，后因问题严重接受组织调查。此时的董绕琪坐不住了，担心自己和沈怀宝私分慈善捐款的问题暴露，到沈怀宝家中找其家属，提出交还被他们占有的捐款，遭到拒绝。被拒绝后，董绕琪就凑了5.4 万元交还给区慈善总会，并要求把填写的交款日期提前一个月，意图蒙混过关。然而，聪明反被聪明误，真相最终水落石出。

全家住进敬老院，吃喝全报销

从 2005 年起任民政办助理的董绕琪，在这个岗位上工作已经十年有余，对业务是个"甩手掌柜"，日常工作交由沈怀宝负责，自己大多只负责签字，有次拿到一份文件之后，看也没看竟然签上"同意列支"的字样。作为一把手的董绕琪，仗着自己是老资格，认为自己工作 30 多年，没有功劳也有苦劳，完全不把纪律放在眼里，热衷于吃喝，沉迷于赌博，民政办下辖的敬老院俨然成其私人领地，全家住在敬老院里，一应开销全部在内。

在其治下的民政办、敬老院管理混乱，毫无规矩可言。沈怀宝忙着自己的生意，敬老院工作人员自己领救济、公款吃喝、公车私用，个人招待也能签单报销，吃一顿就是上千元。相比之下，敬老院里的五保老人每人每月伙食费却仅有 150 元。组织调查后期，董绕琪这样说道，"拿单位的钱好像拿家里的钱一样"。

贪欲膨胀，黑手伸向解困钱

2012 年 1 月，二人合计冒领五保户生活费，由沈怀宝将一名已去世未上报的五保户列入发放名册，董绕琪签批，1350 元就悄无声息地到了他们口袋。董绕琪认为，他们做得神不知鬼不觉，谁能知道呢？第一次得手以后，他们的胆子越来越大，至 2016 年 1 月，共虚列 23 人入册，骗取、私分五保户生活费 9.26 万元，其中董绕琪分得 5.12 万元，沈怀宝分得 4.14 万元。

凡是经手的款项，他们都要雁过拔毛，用于扶危济困的慈善捐款、临时救济款也不例外。该镇 2014 年度、2015 年度共收到慈善捐款 14.14 万元，他们将部分上缴到区慈善总会，余款 6.84 万元一直放在手里，既不上缴也不入账，后被二人私分。其中，董绕琪分得 3.45 万元，沈怀宝分得 3.39 万元。

临时救济款是为灾民、困难户、低保户、残疾人等弱势群体解燃眉之急而设，救济款有上级民政部门直接下拨与基层民政办自主发放两个渠道。2014 年春节前，董绕琪从区民政局领取了临时救济款 9600 元，在下发过程中，发现如现金不入账无人知晓，若救济对象领钱可让对方打白条收据，然后自己审批签字，再从民政账户上报账，那么民政局发放的这笔钱就可以由他们自由支配了。前后三年，二人如法炮制共私分救济款 2.2 万元。

直到被组织调查后，董绕琪才回想起当初考上农校时父亲的一路嘱托，直言后悔："给钱迷住了双眼，我真的好后悔，肠子都悔青了。"而沈怀宝更是道出了根源所在，"大脑里面有个'贪'字在作怪，造成我今天走到这个地步"。

扶贫变成"扶"自己

——江苏省泗洪县扶贫办原副主任石修良严重违纪问题剖析

泗洪县位于江苏省西北部，东临洪泽湖，资源丰富，环境优美，是江苏省人口大县，也是全省贫困面最广、贫困人口最多、脱贫难度最大的地区。泗洪县委、县政府始终将脱贫攻坚工作作为"第一民生工程"抓紧抓实，细化工作举措，取得一定成效。

扶贫办是推动各项扶贫政策落实的"桥头堡"，扶贫干部作为扶贫工作的主力军，是连接扶贫政策和贫困群众的"纽带"，上承使命、下应期盼，本应是贫困群众的"贴心人"。不料，泗洪县扶贫办原副主任石修良却财迷心窍，扶贫变成"扶"自己，严重违纪。2014 年 11 月，石修良"落马"，在当地引起强烈反响。

忘却初心，头脑中贪财"裂缝"越来越宽

石修良生长于苏北农村一户普通的农民家庭，祖孙三代挤在几间土墙草屋里，一件衣服"大的穿过小的穿"，一个馒头兄弟姊妹分着吃。朴实的父母希望孩子们不要被眼前的困难生活吓倒，而要修身立志，奋发进取，做一个对社会有用的人。

年幼的石修良暗下决心，要靠知识改变命运，上学后，他刻苦学习，高中毕业后，于 1986 年参加全省财政会计招聘考试，被分配到魏营镇财政所工作，端上了人人羡慕的"铁饭碗"。对于这份工作，他特别珍惜，

一心扑在工作上，努力钻研业务，逐步成长为业务骨干，后被提拔为副乡长、乡党委副书记、乡人大主任等，走上了正科级领导岗位，最后被任命为县扶贫办副主任。

随着职务的升迁，石修良身边的"朋友"也多了起来，最初的小心谨慎慢慢被抛之脑后。隔三差五推杯换盏、灯红酒绿，他都认为是正常的人情往来；后来，逢年过节收一点下属单位送的土特产，时间久了也习以为常；再后来，社会上一些老板送的礼品、烟酒也都照收不误……在石修良的心里，吃一点、喝一点、收一点只是轻微问题，只要能把握住度，就犯不了什么大错。"千里之堤，溃于蚁穴"，欲望的闸门一旦打开就难以闭合，他头脑中的贪财"裂缝"越来越宽，同事们眼中那个踏实肯干、老实淳朴的农家汉子形象渐行渐远。

石修良和老板朱某来往密切，时间久了，看到朱某的"朋友圈"里，很多人都开豪车、穿名牌、戴名表，过的是纸醉金迷的生活，他心态渐渐失衡，对此羡慕不已，对金钱的崇拜更加强烈，也坚定了"发财梦"。于是，他主动找到朱某，希望其能帮忙投资赚钱。

2010年6月，石修良在朱某的牵线搭桥下，入股宿迁某房地产公司。2011年11月，他在调任扶贫办副主任后，利用职务影响，介绍自己入股的公司到界集镇从事房地产开发，并与该镇党委原书记何旭商议，利用该公司开发的项目，从镇财政虚列支出30余亩农户土地补偿款和集体征地补助款92万元，后将其中的60万元转入该公司作为2人的融资款项，从而占为己有。

得寸进尺，利用手中权力大肆捞钱

石修良的违纪行为，主要发生在县扶贫办任职期间，他认为自己分管的工作多了，权力大了，于是做事首先考虑有没有好处，更加得寸进尺、贪得无厌，不择手段地捞取钱财。

2011年12月至2012年12月，他在分管"一事一议"财政奖补期间，打起了套取项目资金的主意。于是利用职务之便，伙同何旭先后两次出具虚假资料，利用界集辉盛电子产业园内的水泥路工程、下水道工程冒充该镇杨岗村道路工程、下水道工程，套取"一事一议"省财政奖补资金48.24万元。

石修良对于金钱的欲望，随着权欲的膨胀彻底"发酵"。2012年5月，省财政支持村级经济发展项目申报工作启动，省里下达10个项目指标，石修良负责该项工作，既当"运动员"又当"裁判员"，他又动起了"歪脑筋"。他先和何旭商议，让界集镇虚报杨岗村、姬楼村标准化厂房2个项目，再利用职权帮助出具虚假资料，顺利骗取省财政专项资金60万元、县配套资金60万元，其中的100万元被他用于个人投资。

负隅顽抗，最终付出惨重代价

2013年7月，石修良听说组织在找"好友"朱某了解情况，意识到自己的问题可能被发现，企图对抗组织调查。在虚报私分60万元土地补偿款和集体征地补助款问题上，他同何旭订立攻守同盟，销毁经济往来证据，并约定在接受组织调查时闭口不提，万一被发现就一致说是界集镇政府退还给房地产公司的土地出让金，但这一切终究躲不过执纪人员的"火眼金睛"。

"回想自己腐化堕落的过程，不是一天形成的，而是一步一步转化而来的。由起初收受土特产烟酒开始，发展到收钱。特别是在扶贫办工作以后，更是财迷心窍、贪婪成性、失去理智。回想往事今昔对比，真是痛不欲生……"石修良的忏悔姗姗来迟。然而，世上没有如果，只有后果，他终要为自己的行为付出惨重代价——因受贿7.2万元、贪污公款100余万元，石修良被判处有期徒刑12年。

吃"肉牛"的支部书记倒了

——江苏省灌南县村党支部原书记薛丽华违纪问题剖析

灌南县位于江苏省北端,系省重点扶贫县。近年来,灌南县委、县政府立足实际,将扶贫工作作为第一民生工程牢牢抓实,既"输血",又"造血",努力实现精准扶贫。

然而,该县少数基层党员干部利用协助党委政府落实扶贫政策之便,大发扶贫财,截留扶贫专项资金,破坏党群干群关系,玷污党和政府形象。百禄镇盆窑村党支部原书记薛丽华就是一个典型。对此,县纪委坚决查处,严惩不贷。

三番五次催拨款,不为扶贫为己用

盆窑村经济基础较差,贫困户较多。2007年,连云港市委驻灌南扶贫工作队将盆窑村列入扶贫范围,明确市工商银行为该村挂钩扶贫帮扶单位,每年安排扶贫资金3万—6万元。

时任盆窑村党支部书记的薛丽华在收到扶贫任务和文件后,便和村委会主任商量,然而,之后并没有采取任何帮扶措施。薛丽华认为,上面规定市工商银行给村里扶贫专项资金,这钱不要白不要。于是,他以扶贫工作需要为由,反复催促市工商银行拨付扶贫资金。2008年,市工商银行将2万元扶贫款打到镇财政所账户,薛丽华得知消息,马上将钱领了出来并占为己有。

薛丽华向县纪委工作人员这样说道："这钱领回来以后，我也不知道做什么项目，该怎么扶贫，心想也没有其他人知道这件事，就把这钱留下了。"

心思用在别地方，村民疾苦怎能见

2010 年，灌南县把盆窑村列为全县经济薄弱村进行脱贫攻坚挂联帮扶，并帮助申请了 13 万元的肉牛养殖帮扶项目，旨在带动村里 12 户贫困户脱贫。然而，薛丽华脑子里想的不是如何带领贫困村民脱贫致富，而是考虑自己该如何借机"致富"。他深知自己不符合帮扶条件，便找到村里的两名养牛户，合作成立了"益红养牛专业合作社"，并同养牛户约定，由村里出资建设牛棚，免费提供给他们使用，养牛户负责肉牛买卖，等帮扶资金拨下来后分给他们一部分。

同年 8 月，薛丽华从镇财政所领取了 6 万元肉牛养殖项目资金，以村委会名义建设牛棚。随后，他又以为困难户买牛为名，从镇财政所领取项目剩余资金 7 万元，钱领回后，未入村账直接存入私人账户。几个月后，薛丽华按照事先的约定，分给 2 户养牛户肉牛养殖补贴合计 1.3 万元，剩下的 5.7 万元被其用于个人开支。

在整个项目实施过程中，村里没有一名真正的困难户得到帮扶。薛丽华嘴上所谓的帮助困难村民，实际就是"帮助"他自己。"我在项目申报过程中，出了不少力，就有了私心，就想从扶贫款中弄些钱用用。"薛丽华对执纪人员这样说道。

更令人不齿的是，薛丽华在帮助实施扶贫项目时，还以"辛苦费""劳务费"名义截留扶贫资金。2010 年，薛丽华帮助实施大学生创业扶贫项目，在项目资金 3 万元拨付下来以后，以个人从中协调为由，截留 1.5 万元资金用于个人开销。

突破底线纪不容，忏悔落泪方知晚

2014 年 8 月，灌南县纪委陆续收到反映薛丽华违纪问题的信访件。"扶贫款是困难群众的救命钱、安家钱，岂能当成'唐僧肉'？查，一定要严查！"县纪委主要领导立即指示对信访件进行核实。很快，薛丽华就"现形"了，困难群众拍手称快。

"高墙院内去服法，铁窗泪下悲思过。人生苦短需谨慎，国法难容自食果。"审查期间，薛丽华写下这样的忏悔诗句。

"薛丽华走上违纪违法道路，既有客观原因，但主要还是其主观原因造成的。监管缺失、村务不公开等外部因素让他钻了空子，私欲膨胀、盲目地追求物质享受是其肆意妄为违反纪律的根本原因。"参与该案的执纪人员说道。

2015 年 12 月 24 日，灌南县纪委给予薛丽华开除党籍处分。2016 年 10 月 17 日，灌南县人民法院以贪污罪判处薛丽华有期徒刑 4 年 8 个月，并处罚金人民币 35 万元。

惠民资金岂容"贪蝇"玷污

——广东省高州市深镇镇横溪村党支部原书记、 村委会原主任何大志违纪违法问题剖析

翻开何大志的简历，曾任广东省高州市深镇镇横溪村党支部书记多年的他，一直以来工作也算勤勤恳恳，横溪村在他的带领下，面貌有了很大改变。2007 年，何大志更被评为茂名市优秀共产党员。然而，他却因为一个"贪"字铤而走险，和共事的其他村干部一起将黑手伸向惠民资金，最终为自己的贪婪付出了惨重的代价。

心安理得，公然索取回扣

2010 年至 2012 年间，高州市政府开展泥砖房改造工程，要求各村委会协助排查村里符合条件的泥砖房改造户，某些想取得改造资格的农户纷纷找到以何大志为首的深镇镇横溪村委会干部们反映情况。

何大志等人认为，自己为群众办事，给群众带去了利益，从中捞取点好处也是天经地义、理所应当的。因此，他们向农户提出：若能顺利提供资格，必须从上级拨来的资金里收取回扣。

改造资金到位后，他们以收取"电话费"的形式多次公然向泥砖房改造户索贿，共计索取 14.11 万元进行私分，其中，何大志个人分得 3.7 万元。

2010 年，高州市遭受"9·21"洪灾，横溪村遭受严重水灾，上级拨

下救灾款用于灾后重建。何大志等人竟然又把这笔救灾款也看作是一块"肥肉",垂涎欲滴,意图从中分杯羹。于是在协助政府救灾过程中,他们公然向 4 户房屋全倒户索贿 4.2 万元,取其中 3.67 万元进行私分,何大志个人分得 8700 元。

千方百计,黑手伸向扶贫款

贪欲的大门一旦打开,就像决堤的洪水,一发不可收拾。以何大志为首的横溪村委会干部们尝到甜头后,欲望不断膨胀。

2010—2013 年间,广州某企业作为扶贫单位先后通过广东省扶贫基金总会共向横溪村捐助扶贫款 182.76 万元(横溪村后来将其中 20 万元通过该企业驻横溪村村委会的干部转交回该企业)。这笔巨额扶贫款,在何大志等人看来,简直就是天上掉下来的馅饼,岂有不啃的道理? 但是,如何才能不露痕迹呢? 这群"硕鼠"为了套取扶贫款,可谓是搜肠刮肚、绞尽脑汁。

经查,2011 年至 2013 年间,以何大志为首的横溪村村委会干部们,利用职务便利,先后 9 次以虚构建设横溪村公共广场、横溪小学围墙需购买水泥、为 21 户村民申请危房改造帮扶资金、为横溪村村委会 700 名村民的新农保续保缴费、向茂名市新辉饲料有限公司购买饲料及以重复报销广播器材款等名义虚构开支、重复开支、扩大开支,套取企业捐助的扶贫款,将其中部分款项用于村委会的日常开支。何大志等人共同贪污私分的数额竟高达 46.5 万元,数额之大,令人触目惊心。

天网恢恢,违纪违法终被惩

多行不义必自毙。这群胆大包天的"贪蝇"们,自作聪明,毫无顾忌,肆无忌惮地侵吞惠民资金,却聪明反被聪明误,最终站在了审判席上。

2015 年 5 月 18 日，广东省高州市人民法院的审判庭庄严肃穆，鸦雀无声，法官一槌敲下，高州市深镇镇横溪村原党支部书记、村委会主任何大志等村委会干部贪污受贿罪名成立，何大志被执行有期徒刑 17 年，剥夺政治权利 5 年，并处没收财产人民币 5 万元。该村村委会原其他干部作为共犯，也分别受到其他不同程度的刑罚。

当判决的重槌狠狠地敲下时，这群"贪蝇"都惭愧地流下了眼泪。曾经他们心存侥幸，认为自己的行为别人发现不了，然而，最终他们还是逃不过法律的严惩，迎接他们的将是漫漫的铁窗生涯。

向低保户伸手的民政所所长栽了

——安徽省宿州市埇桥区灰古镇民政所
原所长徐丽严重违纪问题剖析

　　她把国家精准扶贫政策当成"摇钱树"，低保户维持基本生活的"保命钱"也敢要，家里办喜事，居然让低保户们用"口省肚挪"的钱去随礼。

　　东窗事发后，她要求低保户改证言，并承诺一定会把收的钱全部退还。第二天，一名村干部开车带着低保户找到执纪人员要求改证言，上演了一出闹剧。

　　"埇桥区灰古镇民政所所长徐丽利用职权受贿，贫困户的钱也敢拿，纪委不管管吗？" 2016 年 7 月，一封群众举报信，揭开了安徽省宿州市埇桥区一名长期从事扶贫工作的干部吃拿卡要的问题。

　　区纪委接到群众举报，迅速展开了调查。徐丽是本地人，先后在 5 个乡镇的计生办、民政所工作，2004 年进入灰古镇民政所，2010 年任民政所所长，平时办理低保、大病救助、孤儿生活保障等业务。经过调查，徐丽的违纪问题很快浮出水面。

　　执纪人员向记者介绍："最初，有村民获得低保后送给徐丽几百元钱表示感谢，她没有拒绝，认为替村民争取到补助，收下'感谢费'是应该的，后来一发不可收拾。"

从"雁过拔毛"，到主动索要

执纪人员告诉记者，徐丽的违纪行为十分恶劣——

符合民政政策规定的申请，雁过拔毛！2013年，为八张村周某某办理孤儿生活保障，收取其监护人500元；为张某某妻子（智力残疾）办理低保，收取张某某3600元；2014年，为八张村赵某某（精神病患者）办理低保，收取其姐4000元……

不符合民政政策规定的申请，收钱办事！2012年，周桥村的周某某不符合低保条件，送给徐丽5000元，获得了低保，后请徐丽吃饭，再送2000元，又获得了大病救助；2015年八张村周某某低保被取消，其女婿送给徐丽2300元和一条价值600元的香烟，徐丽为周某某恢复了低保……

不给钱不办事，给了钱乱办事，国家的政策被徐丽当成了"摇钱树"。2012年到2016年，她利用职务便利，先后通过为群众办理各项民政业务收受贿赂51.49万元。

2013年9月，徐丽的女儿结婚，她给镇上的低保户打电话，邀请他们参加在城里举办的婚宴。她认为："我帮了大家的忙，给你们争取了国家救助资金，收点辛苦费是应该的，我家里有喜事你们也该来看看。"接到通知的低保户们觉得以后低保审核需要徐丽照顾，不敢得罪她，为了继续享有低保资格，纷纷从灰古镇坐车到城里参加婚宴，送上礼金300元到500元不等。

2015年3月，徐丽的女儿生子办喜宴，她又故伎重演，再一次通知镇上的低保户参加。两次办喜事，徐丽共收取低保户礼金2.4万元。

捞足低保户身上的"油水"后，徐丽又盯上了敬老院这块肥肉。从2014年5月起，她在镇里三家敬老院虚报工作人员名单，将虚报冒领的工资用于个人开支，共计3.4万元。

不收敛不收手，对抗组织调查

纸终究包不住火。徐丽顶风违纪，事情终于败露。2016 年 7 月，在得知区纪委开始进村调查后，她急得像热锅上的蚂蚁，密切关注着调查组的动向。

2016 年 7 月 21 日，徐丽先后给 3 名村干部打电话或面谈，询问调查组找了哪几户低保户，并要求村干部帮忙找这几户低保户"做工作"。这 3 名村干部有的找徐丽给亲朋好友办过低保，有的觉得"本乡本土的人，低头不见抬头见，她问我了，不说也怪不好意思的"，还有的认为"以后可能有事还需要徐丽帮忙"，所以对徐丽"知无不言、言无不尽"。

在这 3 名村干部的帮助下，徐丽找到了调查组谈过话的 2 户低保户，表示自己要"出事"了，"饭碗"要丢了，请他们找调查组改证言："为了顺利办低保曾给徐丽钱物，但是她都及时退还了。"同时，徐丽向低保户承诺，只要改证言，一定会把收的钱全部退还。第二天，一名村干部开车带着低保户找到调查组要求改口供。

村干部和低保户的行为引起了调查组的高度警觉。在多方搜集证据，分头找村干部、低保户及有关人员谈话，掌握了关键的证据后，调查组果断对徐丽立案审查。

"我一次又一次放纵自己的行为，存在侥幸心理，一步步犯下了今天的大错。"在调查人员与之长谈之后，徐丽泪如雨下。正如她在忏悔书中写道，"此刻一切戛然而止，在配合调查的日日夜夜中，我多么希望可以弥补过错，从头来过。"

2016 年 9 月，宿州市纪委通报了这起扶贫领域的典型案例。徐丽受到开除党籍处分，其涉嫌违法问题线索移交司法机关依法处理。灰古镇党委书记、区民政局党组书记落实主体责任不力受到党内警告处分，灰古镇纪委书记落实监督责任不力受到党内警告处分，区民政局纪检组长受到党内严重警告处分，区民政局相关业务科室负责人因审核把关不严受到党内警告处分。

这些领工资的人咋成了低保户？

——安徽省砀山县违规享受低保腐败窝案剖析

"……拿了我的给我送回来，吃了我的给我吐出来，偷了我的给我交出来……"对于把低保金当"唐僧肉"分食的党员干部，受到的处罚绝不止歌词中表达得那么简单。2017 年，安徽省砀山县对 63 名财政供养人员和一些村干部违规享受低保金问题进行严肃查处，涉案的 97 人受到党纪政纪处分，其中 1 人被移送司法机关，追缴被侵占的低保金 124.6 万元。

拉网过滤，筛出"潜伏人"

2016 年 9 月的一天，宿州市审计局工作人员李娟坐在电脑前，正在聚精会神地审计砀山县低保人员名单，突然一组身份证号码跳进她的视线，"34222119610101×××× ，咦，这个身份证号好像在哪里见过……对，刚才浏览该县财政供养人员名单时看到过。"李娟赶紧调出砀山县财政供养人员名单，仔细核对了两份名单上这个身份证号码所有者的身份、工作单位等信息，确定应为该县赵屯卫生院职工汤静。李娟立即向审计局领导汇报了这一问题。

"会不会还有类似的人员存在？"经过慎重考虑，针对低保清理人员多、发现查证耗时长及精准度低的难题，审计局决定采取大数据比对法对砀山县低保领取情况进行重新审计。

他们首先建立了拥有全县财政供养人员名单、身份证号码等信息的数据库，又采集了全县 14428 户、24197 名低保对象的身份证号码等信息，然后利用电脑软件比对分析。通过一个星期的细致比对分析，排除一些特殊情况，违规办理低保的人员浮出水面：竟有 63 人之多！

这 63 人中有财政供养人员 51 名、村干部 12 名，违规领取低保金合计 153.76 万元，个别人员的月工资达四五千元，且在多次低保清理中均成功"潜伏"。

顺藤摸瓜，揪出"造假人"

收到市审计局转交的问题线索后，砀山县委、县政府高度重视，县委书记第一时间责成县纪委对问题进行彻底调查，并及时纠错整改。县纪委立即组成调查组，对问题线索展开排查。调查人员围绕低保办理过程中的个人申请、村（居）调查评议公示、乡镇审核分类、县民政部门审批等关键环节，顺藤摸瓜，查清了问题。

"自己每月有 3000 元左右的工资。在申请低保时，担心如实填写有工作的话低保办不下来，所以就出具了假材料。每次遇到低保动态审核时，就向调查的低保员送送礼、请吃饭等，也就一直享受着低保金。"该县市场监督管理局工作人员仝杭交代。据调查人员介绍，部分财政供养人员及村干部为了享受低保待遇，在申请低保时故意隐瞒自己的身份和家庭收入，利用低保工作中的动态审核、入户了解、跟踪调查不及时、不细致的漏洞，骗取低保待遇。

更有甚者，低保管理人员以权谋私，无所不用其极。如县民政局城市低保管理员范腾，自 2013 年以来，利用他人的名义申报低保，自己偷偷地领取，直至案发共领取他人低保金 3.47 万元。同时收受他人好处，为 12 户财政供养人员违规办理低保。"看到别人领取低保金那么容易，自己的心态有些失衡了，我想用他人的名义办理低保，其他人不知道，没有人会发现的，"范腾交代，"我熟悉低保办理的门道，自己是低保管理员，谁家符合、谁家不符合标准，自己说了算，没有人对我的行为进行监督约束。"怀着这样的心态，范腾一步步走向犯罪的道路。

"一岗双责"，找出"稻草人"

"63 名财政供养人员及部分村干部之所以能够违规享受低保待遇，与我们一些政府相关职能部门工作人员'稻草人'式的履职是分不开的，层层监管形同虚设。"该县县委常委、县纪委书记李虎一语中的。

责任不落实，"板子"就要打在身上。一些乡镇、村（社区）未能严格执行低保"三审三公示"程序，漠视低保政策，审核把关不严、公开公示不到位，以致出现一些"人情保""关系保""政策保"等现象。25 名村（居）干部因不担当、不履责被给予党纪政纪处分，8 名乡镇民政办负责人被严肃追责。

低保工作出现的问题，与县民政局党组履职不力，失之于宽、失之于软有密切关系。"一岗双责"就要"一案双查"。7 名城市低保管理员被给予党纪政纪处分或辞退，2 名县民政局低保办负责人被追责，县民政局分管低保工作的副局长被给予留党察看处分，民政局党组书记、局长因履行主体责任不力被给予党内警告处分，纪检组长因履行监督责任不力被给予党内警告处分。

扶贫领域岂容"蝇贪"肆虐

——贵州省铜仁市扶贫系统腐败窝案串案剖析

贵州省铜仁市位于武陵集中连片特困地区，高山连绵，沟壑纵横，是贵州最贫困的地区之一。2011 年底至 2012 年初，国务院先后下发《武陵山片区区域发展与扶贫攻坚规划（2011—2020 年)》《关于进一步促进贵州经济社会又好又快发展的若干意见》，投入大量资金，将铜仁作为扶贫攻坚主战场、决战区。

然而，铜仁市通过信访举报、项目审计、民生监督发现，一些基层扶贫干部把国家的扶贫政策看成是"发家致富"的大好机会，肆意套取、侵吞扶贫资金，影响恶劣。

针对这些问题，铜仁市纪委果断亮剑，先后查处江口县、沿河县、松桃县等扶贫领域腐败窝案串案，涉案金额 730 多万元，涉案人员 30 多人，其中县处级干部 2 人，目前，已移送司法机关 17 人，在当地引起强烈反响。

问题特点：贪墨无所不用其极，出现"全链条腐败"

窝案串案多。往往查到一个牵出一窝，绝大部分扶贫案件为窝案串案。沿河县窝案串案，从分管副县长到县扶贫办再到乡镇扶贫办 8 人涉案，县扶贫办班子成员"全军覆没"；江口县窝案串案，从分管副县长到县扶贫办 7 人涉案，包括扶贫办纪检组长在内的扶贫办班子成员全部被处理，其中 3 人被判刑；松桃县窝案串案更是牵涉扶贫系统、财政系统、林业系统等多个系统，10 人涉案，5 人被判刑。这些案例中，个人违纪金额超 100 万元的 1 人，50 万元至 100 万元的 3 人，10 万元至 50 万元的 10 人。

违纪环节多。扶贫项目申报、考察、招标、实施、验收、报账、审计等各个领域均有不同程度涉案，出现"全链条腐败"。在项目申报上，江口县原县委常委、副县长杨胜美等 3 人通过更改公司名称、拉人入伙、借用省外公司场地和技术等方式，套取省扶贫办 400 万元核桃育苗无息借款。在项目考察上，松桃县参与考察楠竹供应商苗圃基地的相关人员，均不同程度地接受吃请和红包。在项目招投标上，沿河县扶贫办原副主任杨再畅收受老板 2 万元好处费，再通过"运作"让其顺利中标。在项目实施上，杨胜美等人成立公司，采取从外地公司购买苗木的形式赚取并私分苗木款差价。在项目验收上，松桃县扶贫办原副主任龙昌培收受 10 万元好处费，只抽验二年生苗，使老板谢某用一年生楠竹苗冒充验收过关。在项目报账上，德江县扶贫办原副主任刘正君为核桃苗供应商叶某报账提供帮助，收受感谢费 20 万元。项目审计上，松桃县扶贫办居然集体开会研究，拿出 2 万元办公经费贿赂主审。

违纪手段多。一是拨付、分配扶贫款时，利用职务便利吃拿卡要。如沿河县谯家镇扶贫办原主任陶某以核桃苗成活率不高为由，截留农户刘某管护费 3000 元，以借为名索要农户谢某好处费 5000 元。二是采取虚开发票、加大工程量、报假账等方式，侵吞套取扶贫资金。如德江县扶贫办原主任朱黔中安排人通过虚开化肥款等方式套取 7.6 万元核桃项目款，给 38 名干部职工发加班费。又如印江县中坝乡原乡长陈鹏等人采取虚报苗木数量和提取办公经费等方式侵吞扶贫资金 10.835 万元。三是以权谋私，非法获取扶贫利益。如杨胜美等人为赚取核桃苗木差价，合谋成立铜仁市博远林业开发有限公司，以 2.8 元、2.9 元每株价格从四川省简阳市海天农牧科技开发有限公司购买核桃苗 49 万余株，以 5.95 元每株售给江口县扶贫办骗取资金 154.1 万元。四是利用职务之便，为商人提供关照和帮助，以礼金、红包等形式收受好处。如沿河县扶贫办班子成员为供苗商提供关照和帮助，均通过礼金、红包等形式收受好处，结果"全军覆没"。

原因分析：问题集中暴露，监督还需再加力

扶贫项目具有无偿性质，部分项目负责、实施和受益人员心态上出了问题。一是少数贫困群众存在"白得"心态。少数贫困群众视扶贫资金为"天上掉下来的馅饼"，满足于"拿到就行"，哪怕支付相当比例"费用"也在所不惜。沿河县谯家镇农户刘某某、谯某某、任某某在领取核桃苗打坑费、管护费时，主动从领取费用中拿出200元、500元、500元给扶贫办原主任陶某。二是项目老板存在"没有损失"心态。为了和扶贫部门建立良好关系，项目承包商认为只要自身利益不受损失，对扶贫部门的要求"来者不拒"。如苗木供应商田某在签订供苗合同时答应印江县中坝乡扶贫站虚报3万株的要求，项目款到手后主动将套取的6万元交给该站。三是扶贫人员存在"施舍"心态。一些扶贫人员把自己看作贫困群众的"救世主"、项目承包商的"财神"，肆意妄为。

工作机制不健全，权力寻租空间大。一是扶贫工作管理体制不健全。扶贫办在政府部门中排名靠后，但钱多权力大，基本都由分管领导和扶贫办负责人说了算，行使权力具有很大的主观性和随意性。如沿河县原县委常委、副县长黄勇利用分管扶贫工作便利，将绝大部分项目安排给亲戚或熟人，没有受到什么制约。二是扶贫工作运行机制不健全。由于扶贫项目确定、验收以及款项发放，全程由扶贫办包办，导致扶贫部门具有很大的操作空间。铜仁市查处的扶贫案件普遍存在主管部门与项目实施企业合谋套取扶贫资金的问题。三是扶贫资金管理机制不健全。由于扶贫资金主管部门只注重原始单据合规性、合法性，忽视扶贫项目管理过程参与和工作真实性审核，导致扶贫资金管理和拨付混乱。如江口县博远公司使用外地公司苗木发票等报账未成功时，居然采取借款方式变相支出了苗木款。

监督措施乏力，致使权力运行失去有效制约。一是上级监督缺位。扶贫项目实行县级审批、市级审核、省级备案，上级扶贫部门只对下级扶

贫部门进行业务指导，无法进行有效监督。虽然同级政府具有监督职能，但大多数政府分管领导重业务轻党建，主体责任落实不到位。如黄勇在任期间，不仅不主动指导和监管，还带头搞腐败，导致出现系统性腐败。二是内部监督乏力。尽管扶贫办也有纪检组，但纪检组人员工资福利都在扶贫办，监督形同虚设。如江口县扶贫办主要负责人带头搞腐败，纪检组长张某监督严重缺位，后被给予党内警告处分并调离纪检监察机关。三是外部无从监督。扶贫资金划拨大多没有纳入公共财政预算，实行层层下拨，高度封闭运行，公众缺乏信息无从监督。如德江县扶贫办套取 7.6 万元核桃苗经费，并不是从扶贫资金里直接扣除，而是通过经销商以供应肥料的名义走假账。

教育缺失，部分扶贫干部廉洁意识淡薄。一是扶贫部门把大量精力投在扶贫攻坚上，对干部疏于教育管理，部分扶贫干部突破党纪底线，导致"扶贫工作搞上去，一批干部倒下来"。如沿河县扶贫工作成效有目共睹，但该县扶贫办基本没有开展过党纪教育，导致包括班子成员在内的大批干部理想信念动摇，把金钱、权力作为第一目标。二是扶贫干部及其家属廉洁意识淡薄，"廉内助"成了"敛内助"。如沿河县扶贫办原主任胡春福 8 次收受贿赂，其中 3 次妻子在场，5 次是妻子收受；原副主任杨胜强先后 13 次收受的贿赂全部由妻子保管使用，在外连吃早餐的零花钱都没有。

民生项目岂是"提款机"

——贵州省石阡县人大常委会原副主任田良昌腐败问题剖析

田良昌，男，1972年9月出生，历任贵州省石阡县农办主任、汤山镇党委书记、石阡县人大常委会副主任等职。在汤山镇党委书记任上，他严重违反纪律，伙同他人通过虚构工程项目、虚报工程量等手段套取国家民生资金，共计侵吞公款101.12万元，其个人非法所得34.14万元。

2015年8月12日，铜仁市中级人民法院认定田良昌犯贪污罪，判处其有期徒刑8年。

目中无纪，虚列项目资金发"福利"

汤山镇，石阡县人民政府所在地，承载着该县城镇化、经济社会发展的重任。2010年9月，经过慎重选择，组织上决定由田良昌担任汤山镇党委书记。然而，上任不到3个月，田良昌就把组织的信任抛到了脑后，在2011年初给全镇干部考虑年终福利时，不忘"多考虑"一下自己和其他2名镇领导，从国家民生项目资金中虚列21万元，田良昌本人分得8万元。

初尝甜头的田良昌一发不可收拾，把国家下拨的民生项目资金当成了自家的"提款机"。

2011年4月，田良昌又以"领导用钱"为借口，安排时任镇长朱永清（另案处理）等人虚列该镇龙凤村基本口粮田项目资金12万余元，将其中 6.5 万元据为己有。

2011 年 5 月，田良昌又以"跑项目"为借口，安排朱永清等人虚列该镇挂帮山村基本口粮田项目资金 11 万余元，将其中 10 万元据为己有。

……

"任性"书记遇上"失意"镇长，沆瀣一气狼狈为奸

田良昌在任汤山镇党委书记期间，能如此"任性"用权，除了自身因素之外，还有一个外因，那就是他的搭档——汤山镇党委原副书记、原镇长朱永清的"合作"。

朱永清是汤山镇成长起来的干部，从普通工作人员一步一步干到镇长。2010 年上半年，汤山镇党委书记一职出缺时，他满怀希望，自以为为汤山镇的发展贡献大，认为非自己莫属。不料，等来的是田良昌任党委书记。得知这一决定后，朱永清满腔的希望化为泡影，其人生观和价值观也发生变化，从寻求仕途上的升迁，转而寻求"经济"上的平衡。

在田良昌任党委书记不久，朱永清就向田良昌汇报称，按惯例要考虑干部职工福利等年终支出，共需"统筹"80 余万元的资金。然而汤山镇本身财力有限，这么一大笔资金从何而来？

当田良昌听到朱永清汇报需要"统筹"80 余万元资金之后，就问朱永清如何"统筹"？朱永清回答说从"项目上统筹"。田良昌明白从"项目上统筹"的含义——那就是通过造假套取民生项目资金，其不仅没有制止，反而积极安排朱永清牵头落实。

朱永清在得到书记安排的"任务"之后，又向书记提出："我们几个作为主要领导，工作辛苦、应酬多，可否多考虑点。"这正合田良昌的心意，两人一拍即合。最终，朱永清安排相关人员，编制了 2010 年贫困用煤补助、高楼村生态移民等 5 个项目的虚假资料，共套取 86 万余元的项目资金。

通过这次"合作"，田良昌、朱永清摸清了对方的心思，从此，"任

性"的书记和"失意"的镇长开始不断"合作"套取国家项目资金。

"上梁"不正，带坏一批干部

上梁不正下梁歪。

田昌明与朱永清二人的种种行为，很快传开，在两人的"示范"作用下，汤山镇部分干部职工也按捺不住心中的贪念，"跃跃欲试"。

2013 年 4 月以来，在汤山镇系列腐败窝案中，先后有原副镇长付某、卓某，镇财政所原所长雷某、镇党政综合办原副主任符某等十余人因涉嫌严重违纪被移送检察机关立案侦查，二十多人受到党纪政纪处分。

执纪者说："手莫伸，伸手必被捉"。道理人人都清楚，但当面临选择的时候，有的人却抱着"不一定会发现"的侥幸心理。田良昌正是如此，他曾两次前往纪检监察机关"主动交代"自己的问题，特别是 2012 年 6 月，他因违反财经纪律和廉洁纪律被铜仁市纪委给予党内严重警告处分时，他本有机会坦白，却选择了继续隐瞒——编造谎话欺骗组织，认为只要自己不说组织就查不到，最终付出沉重代价。

"面对犯下的罪行，我悔恨万分、寝食难安！觉得愧对组织……我调到汤山镇工作时，我爱人对我说：田良昌，汤山镇的工作任务很重，人际关系也很复杂，我虽然不懂你的工作，帮不上你什么，但你一定要稳稳当当地干，我们不求荣华富贵，只求平平安安。面对亲人的提醒，我却用犯罪的后果背叛了她们。如今，我身处高墙内，妻女在外为我肝肠寸断、撕心裂肺……"田良昌落马后，声泪俱下地忏悔。早知今日，何必当初！

"老实人"缘何"二进宫"

——贵州省赤水市官渡镇原干部谢学斌贪污、受贿案剖析

"低调、不张扬,平时话不多。"在领导和同事眼中,贵州省赤水市官渡镇原干部谢学斌是个能干事、肯干事的老实人。

可就是这样一个大家眼中的"老实人",却先后两次栽在了欲望面前,倒在了法纪红线上。

心理失衡第一次"倒下"

1966年5月,谢学斌出生在一个贫困农民家庭,家中兄弟姐妹众多,作为长子,家中很多事务都由他承担。经过长期磨砺,他养成了吃苦耐劳的习惯。参加工作后,因为勤劳肯干,很快被提拔为官渡镇农业服务中心主任。

可当上镇农服中心主任后,谢学斌变了。看到朋友们"混得好",成天灯红酒绿,回头看看自己,累死累活两手空空,他心理失衡,也想"捞一把"。

不久之后,他发现涉农资金支出管理很不规范,财务收支全凭他一个人说了算,很少有人认真检查。于是他便在移民搬迁款上做起了"文章",伙同他人贪污、私分公款。

不料,很快东窗事发,念在谢学斌积极退赃,认错态度良好,组织给予他留党察看2年、行政撤职的处分。

重蹈覆辙悔莫及

受到处分后，谢学斌没有表现出太多的负面情绪和怨言，认错态度也很好，在工作上也更加勤恳了。他常年奔波忙碌，加班加点是常有的事。正是他的勤奋，官渡镇争取到了石斛原生态栽培扶贫开发、大水井蔬菜基地等一系列项目。他再次得到了领导和同事的认可，被任命为镇扶贫办公室兼石斛种植产业办公室负责人。

但此时的谢学斌已经年近五十，家属没有固定职业，在官渡镇上还是租房居住，住房都没有一套。他心里很委屈，认为自己"干得多，得的少，年岁大了，升迁无望"，更把前次受处分归咎于"运气不好"，认为只要"胆大心细"就不会"栽"。此时的他表面看工作仍然勤勤恳恳，但想要捞一笔"补偿自己"的想法再次蠢蠢欲动。

不久，谢学斌再次沦陷。2010年6月，单位要购买石斛花，谢学斌到邻镇找了一个种石斛的农民，让他把购买石斛花的款项多开3000元，说是工作上有些项目需要"冲账"。当顺利地把这3000元"冲"进自己的腰包后，谢学斌整整提心吊胆了2个月，如他自己所说："心里老觉得有事，经常睡不好，有两次都梦见周主任（前次案件中查办他的市纪委检查室主任——编者注）又来找我。"但欲望冲淡了恐惧，诱惑来时，他又忍不住了。

2010年6月至2012年5月，谢学斌又以同样的手段分7次将9826元"冲"进了自己的腰包；通过虚列单位接待费、验收费、烟酒费、补贴费分5次将5310元占为己有……他以"蚕食"方式一点一点地贪污公款，最少一次贪污180元，最多一次4000元，14次共计1.9万余元，平均每笔1000余元。

纸终究包不住火。2014年3月，谢学斌相关问题被举报，赤水市纪委对他进行立案调查，很快查清，并将其移送司法机关。2014年8月，谢学斌被赤水市人民法院判处拘役6个月，缓期1年，同年10月，赤水市纪委给予谢学斌开除党籍处分。

　　掩卷深思，谢学斌违法所得并不多，只有 3 万多元，但就是这 3 万多元让他栽了 2 次。"如果我在第一次处分后，吸取教训，将党纪党规装在心里，就不会造成如今的局面了。"谢学斌悔之晚矣！

养羊养出了"饿狼"

——贵州省册亨县草地生态畜牧业发展中心职工岑柱业、李勇捞好处费、骗取国家专项补助款案件剖析

他有一个引以为傲的女儿，成绩非常好。他有一对乖巧可爱的双胞胎，嗷嗷待哺。然而，对于他们来说，其乐融融的亲子时光在之后的一段时间里很难再有。

他们是贵州省册亨县草地生态畜牧业发展中心（县农业局下属单位）市场信息营销股负责人岑柱业和工作人员李勇。因涉嫌受贿，违规领取、重复报领种羊补助款等问题，岑柱业和李勇于 2015 年 5 月 19 日被册亨县纪委立案审查；2016 年 11 月，岑柱业被开除党籍，收缴其违纪所得。目前，两人已被移送司法机关。

有"肉"一起吃却没群众的份

"我家是种了几亩草，但是我从来没收到过补助款啊，村里只给过一些粮食做补助。"2015 年 5 月，当调查人员询问起石漠化综合治理人工种草项目补助情况时，该县原庆坪乡秧亚村村民韦元仕一头雾水。

2010 年 9 月，册亨县草地生态畜牧业发展中心在该县原庆坪乡实施石漠化综合治理人工种草项目，计划以每亩 260 元的流转费流转秧亚村94 户农户的土地用来种草，由岑柱业和李勇负责该项目种草材料、技术支持和验收等相关工作。为了尽快推动项目实施，岑柱业和李勇找到了秧

亚村村党支部书记韦学勇（另案处理），让他帮忙做群众思想工作并负责组织实施。

"你大胆去做，等做完这个项目，不会让你吃亏，到时候我们会给你提供帮助，大家都有好处。"李勇向韦学勇承诺。

原本流转的土地只有464亩，可岑柱业和李勇在该项目资料上虚报了种草面积100亩，并制作补助发放清单。韦学勇则在清单上伪造了94户农户的签名、手印。2011年9月，由岑柱业、李勇和韦学勇自导自演的项目顺利通过验收，韦学勇领到了564亩土地流转费14.6640万元，拿出4万元给岑柱业和李勇作为"辛苦费"。而剩余的钱，韦学勇一分都没有给农户，仅仅把之前政府下拨的一部分粮食作为补助发放给了少数几户种植草地的农户。

"我们以为韦学勇会把剩余的钱拿出一部分给农户的，哪知道他一分没给。"事情败露时，岑柱业和李勇才恍然大悟。

一只羊当两只用搞虚报冒领

尝到"好处费"的甜头后，贪婪的大门打开了，岑柱业、李勇开始把手伸向了国家扶贫的政策性补贴和专项资金。

2013年4月，册亨县推出《草地生态畜牧业发展机制方案》扶贫项目，鼓励农民养羊，母羊一只补贴750元，种羊一只补贴2000元，每户最多补贴母羊50只、种羊2只。岑柱业、李勇利用职务之便，分别在该县岩架镇、巧马镇以亲属的名义创办了自己的"舍饲养羊示范场"，目的很简单，就是想办法套取养羊补贴款。

2013年4月，岑柱业以弟弟岑某某的名义购买羊52只，违规领取2012年产业化扶贫项目补助资金4.15万元后，又以该批羊重复填报领取2011年国务院扶贫石漠化专项种羊场建设项目补助资金4.4万元，之后又以其弟媳的名义购买了51只羊用以领取补贴。一个户头下，竟超范围多领取了50只羊的补贴。以这种一女多嫁的方式，岑柱业先后套取国家扶贫补助资金 12.55 万元。

李勇也如法炮制，且数额更多，性质更加恶劣。他不但通过虚报种羊只数、增加羊舍面积骗取补助资金，更不可思议的是，一亩牧草都没种的他竟然以其亲戚刘某某和他的妻子李某某的名义虚报种草面积 174.81 亩，骗取专项补助资金 3.4962 万元，先后共骗取政策性补贴和专项资金 25.0098 万元。

一手经办项目申报多个环节的岑柱业和李勇在虚报骗取专项资金上如入无人之境，任意驰骋。

变身"羊"中介收取好处费

2013 年，做羊贩生意的胡某某和袁某在得知册亨县草地生态畜牧业发展中心实施种草养羊项目时，主动联系岑柱业和李勇，并口头承诺，如果有群众到四川省简阳市某养殖场购买种羊，就分别给岑柱业、李勇每只羊 20 元至 40 元的好处费，并由岑柱业帮忙办理补助款相关手续，收取养殖户补助款后打给胡某某，确保收到尾款。当年，岑柱业和李勇先后带领养殖户到四川省简阳市某养殖场购买种羊 3000 余只，胡某某为感谢岑柱业和李勇的帮助，于 2013 年底送给岑柱业和李勇好处费各 1.5 万元。在结算购羊尾款时，胡某某又送给岑柱业和李勇好处费各 4 万元。

当然，羊毛还是出在羊身上。胡某某和袁某先从四川省简阳市某养殖场以低价 800 元至 1200 元购买羊，然后再以 1500 元至 1800 元不等的价格将羊转手卖给册亨养殖户，从中赚取差价。给岑柱业和李勇的 20 元至 40 元一只羊的好处费，与他们一只羊赚取六七百元的暴利相比，简直是九牛一毛。

几万元的好处费，几万元的补助金，付出的代价却是上百万元的国家经济损失和几十户农户的脱贫希望，以及两人的自由。

"受拜金主义和社会不良风气的影响，一时糊涂做了违纪违法的事，实在不应该。"当李勇在检讨书上写下这几个字时，为时已晚。

船到江心补漏迟

——贵州省纳雍县扶贫办原主任朱江腐败问题剖析

2016 年 1 月 4 日，贵州省纳雍县纪检监察网发布了一条信息："县纪委对县扶贫开发办公室党组书记、主任朱江涉嫌严重违纪问题进行立案审查。"消息一出，震动了整个纳雍。而接受组织调查 10 天后，朱江的严重违纪问题就被查了个水落石出。

"别人拿得，为啥自己拿不得"

朱江年幼丧母，学习之余，除拼命帮助家里干农活外，还要照顾 4 个年幼的弟妹，从小就锻炼出独立、坚强的性格。参加工作后，努力上进，受到多次表彰，先后担任县统计局副局长，维新镇党委副书记、镇长、党委书记等职务。

2010 年 2 月，朱江从维新镇党委书记调任县扶贫办党组书记、主任。纳雍县是国家扶贫开发工作重点县，扶贫办是不折不扣的实权部门。组织上让朱江任扶贫办主任，本是对他的信任，不料朱江迷失在"资金多，项目多，权力大"的诱惑中，思想逐渐发生变化，开始得意忘形，把纪律和规矩抛在一边。

担任扶贫办主任不久，就有人送了 8 万元请朱江"多多关照"，此时，朱江尚从心里觉得厌恶，于是叫人把这笔钱退了回去。不料，一次，两次……次数多了之后，他内心开始松动，特别是看到少数认识的领导干部也在"发财"，觉得"别人拿得，为啥自己拿不得"，慢慢地他"上钩"了，最后竟发展到来者不拒的地步——

2012年春节至2013年7月，老板郭某某为了感谢朱江对自己建设种羊场项目给予的"关心"和"帮助"，两次送给朱江现金5万元；

2013年7月至2015年7月，朱江两次收受老板曾某某现金9万元后，和时任县政府分管副县长杨某（另案处理）违规将扶贫资金400万元借给曾某某实施非扶贫项目；

2014年初，某葛根种植项目负责人陈某某为了感谢朱江"馈赠"了一个70万元的葛根种植项目，送给朱江现金10万元；

……

这些老板送钱给朱江，目的只有一个，就是希望获得扶贫项目或扶贫资金。而朱江则是收人钱财，替人办事，利用自己职权的影响力，为这些人搭桥铺路，双方各取所需，心照不宣。执纪人员介绍，自担任县扶贫办主任以来，朱江利用职务之便，25次收受19人现金75万元。

"随你给多少，够我抽烟就行"

"一段时间，我对社会上流行的一些不良风气'顶礼膜拜'，思想松懈，把党和人民的重托置于不顾。"朱江在忏悔书中写道。

2012年6月的一天，朱江和朋友徐某某等一起吃饭。席间，徐某某让朱江"随便"拿点钱和他合伙培育樱桃苗出售。当时，朱江见人多便没有立即回应。三个月后，徐某某又和朱江说合伙的事，朱江便拿了5万元给徐某某说道："至于分成，随你给多少，够我抽烟就行。"徐某某"心领神会"，拍胸脯说绝不会让朱江吃亏。

同年年底，朱江又一次和徐某某吃饭，临别时徐某某拿了14万元现金给朱江，称是卖樱桃苗赚的钱，朱江欣然笑纳。没过几个月，徐某某又分了7万元现金给朱江，朱江连夸徐某某会做生意。

可实际上，徐某某的"生意"都是靠朱江的职权才做起来的。而朱江被金钱蒙住了双眼,早忘了扶贫办主任的职责。他吃人嘴短,对徐某某参与的扶贫项目监管失之于软,导致部分项目实施失败,甚至有的资金被套取、冒领,给国家财产造成重大损失。

"把问题交代清楚,反而内心释然了"

2014年6月初,朱江得知纳雍县纪委正在追查乐治镇原镇长王星(另案处理)、原副镇长李盛(另案处理)在两年前贿赂自己5万元的消息后,急得如热锅上的蚂蚁,彻夜难眠,寝食难安。可惜的是,他不但不主动向组织说清楚问题,反而安排下属刘某某、韦某做假证,并出具已将5万元上缴财务的虚假材料,妄图蒙混过关。

朱江的所作所为,终究难逃惩处。落马后,他忏悔说:"得知组织对我的问题进行调查时,我一直非常惶恐和焦虑,现在把问题交代清楚,反而内心释然了。"

2016年1月,朱江被开除党籍和公职,等待他的将是法律的严惩。

"落到今天这个下场,我罪有应得。从心灵深处感到惭愧,我辜负了组织三十多年的培养。"朱江的忏悔姗姗来迟。

啃食扶贫资金，"硕鼠"难逃惩处

——贵州省沿河土家族自治县扶贫领域窝案剖析

贵州省委巡视组移交的一条扶贫领域问题线索，牵出了该省沿河土家族自治县啃食扶贫资金的一窝"硕鼠"，从分管副县长到县扶贫办整个班子，从镇扶贫办主任到合作社中的部分公职人员，一共 13 名党员和国家公职人员被查处，涉案金额 337 万余元。

这是贵州省各级纪检监察机关聚焦民生领域尤其是扶贫领域腐败问题，为脱贫攻坚提供纪律保障，增强群众获得感的一个例证。

贪恋钱财，把手中权力变成摇钱树

2014 年 5 月，贵州省委第四巡视组向铜仁市纪委移交群众反映时任沿河土家族自治县委常委、副县长黄勇的问题线索，反映他伙同县扶贫办副主任杨胜强与核桃苗供应商林某某，把乡里合同规定的每株核桃苗价格提高了 1 元，且栽种的核桃苗质量差、成活率低。黄勇当时分管扶贫、水利、农业等部门。

"侵害群众利益、贪占扶贫资金的问题，不管涉及谁，都要查个水落石出，给群众一个明明白白的交代。"铜仁市纪委主要领导态度鲜明坚决。市纪委随即与沿河土家族自治县纪委成立专案调查组，对问题线索展开调查。

"道貌岸然、隐藏很深，黄勇在当地一些人的印象中是个老好人。"

调查组的人员说，黄勇一方面把自己伪装成好官，救助贫困；另一方面，利用手中职权，搞官商勾结、权钱交易。

经查，黄勇身为党员领导干部，理想信念丧失，严重违反党的纪律，且在党的十八大后仍不收敛、不收手，顶风违纪，情节严重、性质恶劣。

2007—2015年，黄勇违反廉洁自律有关规定，在春节期间多次收受分管部门及乡镇所送礼金52万元。2008年至2014年间，黄勇利用职务之便，多次收受苗木供应商、企业老板、工程承包商等8人所送的84.3万元，并为他们谋取利益。

为私利，插手工程建设。黄勇不但自己收受财物，还利用分管扶贫、水利、农业等部门的职务便利，为内弟田某某打招呼在其分管部门承揽工程项目13个，合同金额达1000余万元。

"本应选择有实力的公司作为国家精准扶贫项目的实施者，黄勇却违规插手干预，将沿河县扶贫项目交给了不具备资质的亲属公司，借机中饱私囊，将群众利益抛之脑后。"调查人员说。

黄勇把分管领域当成私人领地，重大决策不向组织报告，违规干预分管部门的资金使用，要求分管部门挪用国家资金借给招商引资企业周转和使用。黄勇收受了相关企业老板所送好处费16万元，真是为了一己之私的"芝麻粒"，丢了公家的"大西瓜"。

"在县内外的同龄人中，读书时没有我成绩好，工作后职务没有我高，但房子、车子比我好，钞票比我多，让我感觉党政干部好悲哀，苦了累了就是一个空荣誉，不实惠。"黄勇在忏悔书里暴露了其思想深处的"病根"。

1966年出生的黄勇也经历过吃红薯酸菜的贫困生活，靠自己的努力学习走出了大山。但是心态的不平衡，让他放松了学习，思想开始滑坡，一步一步走上了违纪违法的道路。"爱钱如命，给亲友办事也收钱。"调查人员的一句话，总结了黄勇贪婪的本性。

抱团腐败，县扶贫办班子全军覆没

沿河土家族自治县扶贫办整个班子烂掉了——1个主任、5个副主任，他们心照不宣、各占一块，啃食扶贫资金，结果全军覆没。

经查，沿河土家族自治县扶贫办的班子成员为苗木供应商提供关照和帮助，共收受贿赂89.4万元，其中主任胡春福收受23万元，副主任杨再畅收受22.3万元，副主任黄万权收受23万元，副主任杨胜强收受19.1万元，副主任孙廷瑞收受10万元，副主任熊宁收受2万元。

"在利益的驱使下，扶贫办班子成员置党纪国法、制度规定于不顾，与不法商人狼狈为奸，相互勾结组成利益圈子，大肆侵占扶贫资金。"调查人员说。

县扶贫办党的组织生活不正常，不按照制度规定研究"三重一大"事项，学习也是走过场。班子成员每个人都有自己的利益，彼此心照不宣、各占一块，以权谋私。

"他们是谁分管的项目谁说了算，不去监督别人分管的工作，也不让别人监督自己分管的工作。"调查人员说，县扶贫办班子成员故意规避监督，结果发生"塌方式腐败"。

"更让人意想不到的是，县扶贫办有的班子成员收了商人的钱后，帮着商人写项目报告书，争取项目和资金，简直就是商人的马前卒，哪还会想着去监督把关。"调查人员说。

在核桃苗招标采购时，县扶贫办副主任杨胜强为了让自己圈子里的公司中标，找出各种理由，逼迫已经中标的核桃苗供应商签订自愿放弃供应苗木的承诺书，并通过邀标让自己圈子里的3家公司"集体中标"。"毫不顾忌扶贫资金和群众利益，第二轮中标价是7.35元每株，比第一轮中标价格高出1.35元，并且超出了省里规定的最高限价。"调查人员说。

沿河自治县扶贫办班子成员不但自己腐败，还家人齐上阵。扶贫办主任胡春福8次收受贿赂，其中3次妻子在场，另5次由妻子单独收受；

副主任杨胜强 13 次收受贿赂，全部被妻子保管和使用。

沿河土家族自治县扶贫办外资中心出纳肖某某在接到培训资料审核和编制任务时，首先想到的是自己的亲戚，将培训资料的印刷和装订承包给没有从事印刷行业的表弟冉某某和副主任孙廷瑞的大舅子杜某某，让亲戚从中赚取差价。

雁过拔毛，吃拿卡要不计多少

扶贫项目和扶贫资金落地环节多，从扶贫项目申报，到项目考察、项目招投标、项目实施、项目验收、竣工报账、项目审计等，这些环节本应起到相互制约监督的作用，然而，监管却全部失守，"潜规则"盛行，出现了不请客送礼就拿不到扶贫项目，就验收不过关、资金不到位等怪事。

给钱办事，办事要钱。200 元好处费，500 元香烟一条……不管什么钱都敢收，不管多少钱都敢要。"每个环节都有贪婪的黑手，你捞我也捞。"调查人员说。

2012 年底，沿河土家族自治县谯家镇扶贫办主任陶强在发放打坑费过程中，收受核桃种植大户刘某某好处费 200 元，收受田某某价值 500 元香烟一条，收受任某某 500 元。他还虚报 35 亩核桃种植面积骗取打坑费 1610 元。2013 年 6 月，陶强在发放核桃树苗管护费过程中，以刘某某对核桃树苗管护不力、成活率不高为由，截留刘某某管护费 3000 元占为己有，收受谯某某好处费 500 元。沿河华桥农民专业合作社违规向群众收费 3.2 万元，截留扶贫资金 18.6 万元，套取国家微企补助款 5 万元，送给胡春福等人财物 7.05 万元。

"扶贫领域的窝案给我县扶贫项目安排、资金争取带来恶劣影响，苗木供应商使用外地苗木冒充本地苗木，导致成活率低，给群众造成经济损失，少数党员干部与不法商人结成利益共同体，扭曲了政商关系，影响了政治生态。"参与专案组执纪审查的沿河自治县一名纪检监察干部说。

最终，黄勇、胡春福、杨胜强等人被移送司法机关，现已锒铛入狱。回顾他们的成长历程，也可谓仕途顺利，却被金钱蒙住了双眼，走向了犯罪的道路，沦为失去自由的阶下囚。

扶贫办惊现"一窝鼠"

——贵州省玉屏侗族自治县扶贫办腐败窝案剖析

在贵州省玉屏侗族自治县，一个总人数 27 人的扶贫办，却曝出了腐败窝案，2 名原任领导、6 名现任领导和 3 名中层业务骨干都牵涉其中，令人震惊。

频繁伸手，一把手"近水楼台先得月"

近年来，随着贵州省"大扶贫"战略深入实施，大批扶贫项目和大量资金走向农村。一些别有用心的人把贪婪的目光投向了扶贫领域。而身为扶贫办主任的简光禄则"近水楼台先得月"，他利用职务上的便利，先后对 6 家企业在申请扶贫项目资金过程中给予"关照"，从中获取 27.6 万元好处费。然而，简光禄并不满足于此，他还安排下属对扶贫项目资金进行暗箱操作，以"工作经费"的名义违规向获得扶贫贷款贴息的企业、产业扶持发展项目实施单位和个人收取资金共计 850.8 万元，纳入小金库管理使用，并与班子成员及个别中层干部进行私分，自己从中分得 20 万元。

"贪如火，不遏则燎原"的道理简光禄未必不知，但他就是控制不住自己，心存侥幸、顶风违纪，频频伸出不该伸的手，最终在腐败的路上越走越远。

上行下效，干部"携手"走歪路

上梁不正下梁歪。在简光禄的"示范"下，班子成员有样学样，10名领导干部与简光禄一起"下水"试险。

分管特色产业的扶贫办副主任向辉看到了县委、县政府对中药材产业的重视和扶持带来的"机会"。2015年1月，向辉以10万元资金入股某中药材企业，并利用职务上的便利，帮助该企业获取高额项目扶贫补助资金。2016年1月，向辉从中获取30万元利润。县扶贫办副主任科员徐东看到别人从中"捞大钱"，自己也不忘从中"捞小钱"，他收受申报扶贫贷款贴息企业老板的好处费，还从小金库中"捞到"8万元。由于徐东玩忽职守，对项目审核不严，导致该县某企业以虚假银行贷款资料骗取国家扶贫贷款贴息资金105万元。

除了简光禄、向辉、徐东以外，该县扶贫办副主任罗厚刚和雷飞也分别从小金库中分到5万元；纪检组长吴本松、原副主任田维宽和原纪检组长柏先杰分别从小金库中分得7万元；信贷与社会扶贫股副股长潘艳华收受企业好处费4000元。

侥幸梦碎，纪法惩处"一个都不能少"

任何人都要为自己的贪婪付出代价。2016年6月，简光禄、向辉、徐东3人被给予开除党籍处分，其涉嫌违法问题线索移送司法机关依法处理。田维宽、柏先杰、吴本松、雷飞4人受到党内严重警告处分，潘艳华受到行政警告处分，违纪资金全部收缴。

该案共查处涉案人员11人，追缴赃款378万余元，涉及金额大，涉案人员多，是一起典型的腐败窝案。

剖析简光禄、向辉、徐东等人的腐化过程不难发现，理想信念缺失、制度不健全和监督管理缺位是他们走向违纪歪路的共性因素。因制度不健全、监管存在"盲区"等原因，简光禄等人才能肆无忌惮，才能频繁伸手，以致走上不归路。

"从顶风违纪到贪污受贿，一步一步走上不归路，就是被自己的贪婪所害，以致迷失方向，底线失守。"调查期间，简光禄悔恨地说。向辉、吴本松等人也在自我剖析中忏悔道："平时不注意思想改造，将党风廉政建设视为走过场、走形式，忽视廉洁自律，触碰了纪律底线，葬送了自己的前程。"

扶贫变成扶亲属

——吉林省长春市二道区吉林街道丹阳社区
党总支原书记马玉凤违纪问题剖析

2016年3月21日，吉林省长春市二道区纪委严肃查处了吉林街道丹阳社区党总支原书记马玉凤严重违纪问题，引起群众广泛关注。

经查，马玉凤在任吉林街道行政事务中心副主任兼民政助理期间，利用职务和工作上的便利，制作虚假材料，与相关人员打招呼，为其亲属骗取国家保障性住房2套，违规为他人办理低保，获取低保金5.1万元。

弄虚作假，为其弟申购保障房

据二道区纪委工作人员介绍，马永奎是马玉凤的胞弟，离异且身患癌症，靠在饭店打零工维持生计，长期以来租房居住。身为姐姐的马玉凤总是惦记着弟弟的住房问题。

2010年，长春市政府为改善市民的居住条件，对无房的低收入家庭可在户口归属地提出申请保障性住房。而此时，马玉凤正担任二道区吉林街道民政助理兼行政事务中心副主任，负责保障性住房申购材料审核工作，熟知保障性住房的申购流程。且在街道、社区工作多年的她，与社区负责入户调查的低保专干关系熟络，在她看来，为其弟弟改善居住条件的时机终于来了。

2010年2月，在马玉凤的授意下，马永奎暗中为申购保障性住房做着种种准备：在个体复印社更改了复印件的户口信息，制作了一张 2005 年迁入二道区的户口本复印件，伪造了房屋租赁合同……而另一边，马玉凤也悄悄与社区工作人员打招呼，授意他们违反工作规定，不进行入户调查，伪造领导签字。

就这样，在马玉凤的"精心"策划下，马永奎的申购材料顺利通过社区审核。此后，马永奎的申请材料就像穿上了"隐身衣"，通过层层关卡，使他顺利取得了保障性住房的申购权，最终仅以 8 万元的价格，购得了一套保障性住房。当时，马永奎的户口并不在二道区，根本没有资格申请购买保障性住房，为了掩盖这一事实，在马玉凤的帮助下，马永奎于 2012 年 2 月将户口迁入二道区吉林派出所。

冒名顶替，为其父申购保障房

尝到为其弟弟申购保障性住房的甜头后，马玉凤又铤而走险，为其父马守琪谋划着。这时，一个人名浮现在她的脑海——"刘娟"。拿定主意后，马玉凤套用之前的手段为其父亲申购保障性住房，最终，以刘娟的名义成功申购了一套保障性住房。

二道区纪委接到的举报信中曾提到，刘娟此人已经去世，但为何其低保却一直有人在领取？刘娟究竟是谁，为何马玉凤掌握刘娟所有的个人信息，马守琪为什么能够一直占有着刘娟申请的保障性住房而从未有人提出异议？调查组一边从刘娟个人信息着手，一边设法从马玉凤处找答案。

然而，调查进展并未如想象般顺利。调查组通过各种渠道寻找刘娟，但刘娟如人间蒸发一样，就是找不到其本人，而在找马玉凤本人了解刘娟情况时，她却显得异常平静，一口咬定对此人"不认识、不了解、不知情"，调查一度陷入僵局。

纸终究包不住火。不久，两路人马纷纷传来捷报，谜底被层层揭开。同时，马玉凤的另一违纪事实也浮出了水面。

隐瞒事实，为其亲属骗取低保金

经调查发现，刘娟系马玉凤父亲马守琪的外甥女，本人已于 2000 年在沈阳定居。早在 2007 年，马玉凤在明知刘娟不符合规定的情况下，利用职务之便为其办理了低保，且由刘娟的婆婆代为领取使用长达 8 年之久。而更令人唏嘘的是 2011 年 10 月 15 日，刘娟因抑郁症在沈阳家中自杀身亡。在明知刘娟已死的情况下，马玉凤的婆婆居然采取戴口罩等乔装方式继续冒领 2 万余元低保金。违规领取低保金共计 5 万余元。

在扎实的证据面前，马玉凤最终流下了悔恨的泪水，对自己利用职务之便为亲属谋取利益的行为供认不讳、悔恨不已。

她坦言："我在基层工作多年，使许多居民生活得到了改善，想到同样生活窘迫的父亲和弟弟却没从自己这里得到一点点实惠，便动了私心，产生了利用工作便利，为他们谋点好处的想法。"

亲情可贵，但党规党纪不容践踏！ 2016 年 3 月，马玉凤被给予留党察看 1 年、行政降级处分，违纪款物予以收缴。

他向民生资金伸出"黑手"

——浙江省东阳市商务局党组原副书记张捷严重违纪问题剖析

1961 年 5 月出生的张捷，历任浙江省东阳市政府办公室财贸科科长、市台办副主任、市经济发展局局长、市经济开发区管委会副主任等职。在市商务局党组副书记、副局长任上，他严重违反廉洁纪律，在明知病害猪数据存在虚假的情况下，仍授意相关科室虚假上报，共计套取该项目国家补贴 78.2 万余元，其个人非法所得 39 万余元。

2015 年 12 月 28 日，经东阳市纪委常委会研究并报东阳市委同意，决定给予张捷开除党籍处分，同时，将其涉嫌违法犯罪问题及线索移送司法机关依法处理。

目中无纪，从惠民资金中找"商机"

东阳市食品有限公司，是东阳市商务局主管的企业，主要负责全市生猪的定点屠宰业务。公司法人代表是杜某（另案处理）。

2008 年 7 月，为保证上市生猪产品的质量安全，防止病害生猪产品流入市场，商务部、财政部联合下文，要求对定点屠宰厂病害猪进行无害化处理，由国家财政对病害猪损失和无害化处理费用予以补贴。

在实际工作中，病害猪的正常检出率一般在 0.2% 到 0.5% 之间，对连续 3 个月高于 0.5% 或低于 0.2% 的，上级商务主管部门就会会同财政部门对该地区进行监督检查。然而，就在这 0.2% 到 0.5% 之间，让张捷等人发现了可操作的空间，从中套取国家惠民补贴。

沆瀣一气，为谋利益频"出手"

病害猪无害化处理补贴的申报需要经过公司申请、部门审核、领导审批等多个环节，为打通各个审批环节，2009 年初，杜某找到主管生猪定点屠宰的分管领导，时任商务局党组副书记、副局长的张捷，希望张捷能予以照顾。

2009 年 5 月，张捷伙同商贸发展科科长许能福（另案处理）授意当时负责无害化处理补贴工作的经办人员李凤鸣（另案处理）违规审核通过食品公司上报的虚假数据，并从中获利。

初次的"合作"让杜某等人尝到了甜头，在 2009 年至 2013 年的 4 年当中，他们多次"故技重施"，短短 4 年间，共计套取国家补贴 78.2 万余元。在自己得利的同时，杜某也不忘"投桃报李"，利用春节等时机频频向张捷赠送礼金礼品，共计人民币 1.2 万余元。

2012 年 1 月，张捷以借为名，向杜某索要人民币 30 万元，杜某"心领神会"，为感谢张捷在申报无害化处理补贴上的照顾，给予其人民币 30 万元，张捷予以收受。

此外，张捷还利用职务之便，多次通过向下属"打招呼"等方式为企业提供帮助，收受他人财物，共计价值人民币 7.97 万余元。

自食恶果，身陷囹圄终自悔

"想想自己即将到岗，仕途上已无上升空间，怀着这样得过且过的心态，我开始变化了，政治上、纪律上彻底放松了对自己的要求，放弃了党性原则，放弃了作为领导干部应当遵循的行为规范……"张捷在忏悔书中写道。

执纪人员表示，张捷腐败案还牵出一连串"硕鼠"，5 名涉及补贴申报的工作人员先后落马。

理想信念丧失，是导致张捷人生滑铁卢的思想根源；自律之弦松懈，是他人生走麦城的行为根源。张捷在与老板的频频交往中，逐渐放松了对自己的约束，以为吃点拿点不算什么，帮朋友办事更是情理之中，把党的纪律抛之脑后。殊不知，"破法"者无不从"破纪"始，最终自食其果，将自己一步步推向犯罪深渊。

"这类案件作案手段单一，但潜伏周期长，该案件从 2009 年持续至 2013 年，长达 4 年，一些违纪人员甚至已把套取补贴当成'惯例'。"执纪人员说，利用毫厘之差的弹性空间，发生了数十万元的贪腐案件，5 名党员干部落马，实在值得深思。

"蚁贪虽小，但不可小觑。作为执纪者，就应当把纪律和规矩挺在前面，对于此类不收敛、不收手的顶风违纪行为，我们坚持做到发现一起，查处一起，通报曝光一起，切实保持对侵害群众利益行为零容忍的高压态势，坚决斩断伸向民生资金的'黑手'。"东阳市纪委相关负责同志说。

"扶贫先进"蜕变成"蛀虫"

——宁夏回族自治区彭阳县古城镇田壕村党支部原书记王建奇违纪问题剖析

王建奇，男，1969年1月出生，宁夏回族自治区彭阳县古城镇田壕村人，2003年11月至2016年5月任田壕村党支部书记。

上任之初，王建奇每天马不停蹄，落实帮扶政策，帮扶110户村民发展养殖业和种植业；落实中南部饮水工程进村入户。通过坚持不懈的努力为村里赢得了"先进基层党组织""劳务产业先进集体第一名""草畜产业第一名"等荣誉。王建奇个人也被评为"全市扶贫开发先进个人""优秀共产党员""道德模范""爱岗敬业好村官"等，可谓是取得了显著的成绩。

2014年，田壕村被确定为全区扶贫开发整村推进示范村和考核销号村。作为党支部书记的王建奇本应趁热打铁继续带领村民脱贫致富奔小康。但是，作为一名脱贫一线的共产党员、"领头羊"，他没有把手中的权力用到为群众谋利干事当中，而是为自己谋取私利，自甘堕落，蜕变成一条"蛀虫"。

初玩伎俩尝甜头

2012年，由于田壕村会计一职空缺找不到合适人选，王建奇便兼任起了村会计。他既要协调处理全村的大小事务，又要统计发放各种涉农资金。这段时间，王建奇学习少了，反思少了，离纪律的约束越来越远，很多事情都是他一个人说了算。随着扶贫项目资金越来越多，他经手的钱物也越来越多，私欲也一天天地膨胀起来。

2014年，田壕村分别实施了闽宁协作发展基金扶持到户项目和扶贫开发整村推进到户项目。两个项目均在当年后半年进行了验收兑付。每天看着打到农民账户中的扶贫款，已经搬至县城居住的王建奇心里痒痒了，把党的纪律规矩抛在了脑后，打起了项目资金的歪主意，在没有实际建造砖结构围墙的情况下，虚报骗取人居环境改善围墙项目资金7000元。初玩伎俩的王建奇，尝到了权力带来的甜头，从此打开了贪欲的闸门。

贪欲作祟频伸手

在王建奇看来，"作为一名村干部，自己起早贪黑，辛辛苦苦工作，没有功劳，也有苦劳，再说了，从项目中套一点、捞一点，反正没从老百姓的口中'掐食'，充其量也只是个小节问题，算不上贪腐。"正是因为他的这种观念作祟，让他一发不可收拾。

为了促进贫困乡村产业发展，增加贫困人口收入，彭阳县制定了《2014年扶贫开发整村推进项目建设实施方案》。"基础母畜补栏、暖棚建设、青贮池建设……"每当夜深人静的时候，各种扶贫项目资金便在王建奇的脑海中萦绕，第一次尝到了套取资金的'甜头'，这感觉让他挥之不去，他来不及细读扶贫资金专项管理的相关规章制度，来不及落实"对到村、到户扶持项目、资金要实行公示制，接受村民监督……"的要求。

紧接着，王建奇便以其弟王某某的名义冒名顶替，虚报养牛牛棚项目，骗取基础母畜补栏项目补助资金8000元；骗取标准暖棚建设项目补助资金8000元；骗取贮草池建造项目补助、贮草补助款1000元。短短两年时间里，王建奇虚报骗取的国家扶贫项目资金达到了2.5万元。

破纪违法受惩处

"田壕村村支书……扶贫项目弄虚作假，欺上瞒下，骗取扶贫款。田壕村村民们盼望上级相关部门尽快派人彻查村支书王建奇违法犯罪事实，将其绳之以法。"田壕村多名村民一纸举报信，表达了对王建奇这个身边"苍蝇"的强烈愤恨。彭阳县纪委高度重视，组建调查组深入细致调查，查清了王建奇的违纪事实。县纪委给予王建奇开除党籍处分，收缴王建奇违纪资金2.5万元上缴县财政。王建奇涉嫌违法问题及线索移送司法机关依法处理。

王建奇为了个人私利，不惜以身试纪，利用手中的权力，套取国家的扶贫项目资金，损坏党的形象，破坏党群干群关系，在群众中造成了恶劣的影响，最终为自己的行为付出了惨重的代价。

雁过拔毛的村支书

——宁夏回族自治区平罗县红崖子乡红翔新村
党支部原书记王明海违纪问题剖析

2015 年底，宁夏回族自治区平罗县纪委在开展整治和查处侵害群众利益的不正之风和腐败问题线索大排查工作中，根据群众举报，发现红崖子乡党委委员、武装部长，红翔新村党支部书记王明海有关问题线索。在调查组多方调查取证后，王明海的违纪问题逐渐浮出水面……

2016 年 3 月 22 日，平罗县纪委研究决定，给予王明海开除党籍处分，将其涉嫌犯罪问题及线索移送司法机关依法处理。谁能想到，这个昔日获得自治区表彰的"扶贫开发脱贫致富带头人"竟沦落成雁过拔毛的村支书，为群众所不齿。

头顶光环，有过骄人业绩

王明海的头顶上，曾经有过多彩的光环。在部队服役期间，他曾参加过祖国南疆那场自卫反击战。从部队复员后，王明海先后在平罗县高仁乡政府和红崖子乡政府工作，在组织的精心培养下，从一名业务生疏的小干事，逐步锻炼成长为一名具有丰富农村工作经验的基层干部。

红翔新村建于 2008 年，是平罗县建设的第一个移民村。该村居住着来自南部山区泾源县、隆德县、原州区、海原县的 542 户搬迁移民群众，脱贫致富是村民几辈人的梦想。

为了增强基层党组织的凝聚力和战斗力，扎实做好移民帮扶工作，2009年，工作经验丰富的王明海被组织安排兼任红翔新村党支部书记。开始的时候，他工作认真负责，带领村"两委"尽心尽力地为群众排忧解难，也获得了组织和群众的肯定。

因工作成绩突出，2013年12月，王明海被提拔为红崖子乡党委委员、武装部长，并被授予自治区"扶贫开发脱贫致富带头人"荣誉称号。

私念萌生，频伸黑手

然而，随着时间的推移，王明海有些飘飘然了，在利益面前，他逐渐迷失了方向，内心开始动摇，贪欲随之滋生。他利用一切可乘之机，变着法儿捞一把，大肆敛财。

2011年11月，王明海代表红翔新村在办理某开发公司勘探作业临时占地补偿兑付时，不失时机地抓住这一"绝好机会"，将该公司应支付给红翔新村的占地补偿费及押金共9000元装入自己的腰包。

2013年9月，王明海凭空编造了"垃圾池维修费用"，并擅自安排村社干部向148户贫困户收取费用，每户200元，共计2.96万元。在收取该款项时，既没有开具任何收据，也没有放入村财务账户，而是由王明海私自保管。2015年8月，在县扶贫办检查"双到"资金落实情况期间，由于群众反映，王明海才安排村社干部将乱收费所得2.96万元退还给农户。

2013年12月，王明海假借给红翔新村购买三轮车清运垃圾，套用村民徐某某个人购买三轮车的发票，从红翔新村集体财务账户中套取1.406万元，用于个人花销。

贪欲膨胀，难逃法纪惩处

屡屡得手后，王明海的贪欲肆无忌惮地膨胀起来……

　　2014 年 8 月，王明海安排红翔新村村民田某某、马某某拉砖和黄沙后，让田某某以红翔新村环境整治的名义，共开出 9400 元的发票从村集体账户报支。王明海给二人各结算运费、过桥费及开票税金 4000 元后，剩余 1400 元用于个人招待司机、工人餐费等支出。

　　2014 年 4 月，王明海按照政府的扶贫计划，用县扶贫办拨付给红翔新村贫困农户发展养殖业的 10 万元帮扶资金，在内蒙古鄂托克旗购买了 200 只羊。这些羊本应按照政策发放给红翔新村 100 户贫困户，每户 2 只。

　　王明海看着在眼前晃动的羊群，动了歪脑筋，想着怎么借机捞一把。于是，他大张旗鼓地在村部举办了一个羊只发放仪式，但实际上只给 16 户发放了 32 只。除了损失的羊只外，剩余的 139 只羊被王明海私自以 7.784 万元的总价出售。案发时，买方已支付给王明海共 4 万元购羊款，王明海将此款项用于个人日常消费。

　　王明海把扶贫救助资金当作"唐僧肉""香饽饽"，变着法子蚕食，肆意侵害群众利益，最终只能是作茧自缚。

套取扶贫培训资金发福利，错上加错

——河南省渑池县扶贫开发办公室党组原书记、原主任茹秋明违纪问题剖析

2016年下半年，河南省渑池县扶贫开发办公室党组原书记、原主任茹秋明因违规违纪被组织审查，这让熟悉他的人感到惋惜。他拥有30年党龄，当过人民教师，先后任县文联主席、县委政研室主任、县人大常委会办公室主任，在扶贫开发部门任职长达9年，本该在精准扶贫中建功立业，却栽在了"贪"字上。

经查，2014年1月至2016年2月，茹秋明利用职务之便，先后多次收受马某某等人共计2.7万元及烟、酒、茶叶等物品；2016年1月至5月，茹秋明通过收取社会教育培训机构项目管理费、虚报票据等方式，谋得资金60094元，向6名班子成员发放福利，他本人领取10094元。2016年12月，县纪委监察局给予茹秋明开除党籍、行政撤职处分，由正科级职务降为科员。

巡察发现端倪，纪检部门介入调查

2016年8月，河南省三门峡市、县巡察机构在集中开展扶贫领域突出问题专项巡察过程中，发现渑池县扶贫办存在"组织培训时用餐超标"的线索。为防止打草惊蛇，县纪委成立专门调查组，通过外围摸排进行初步核实。

　　调查组先后走访了该县的 23 个省、市级贫困村的 100 余名群众。了解得知，2014 年 3 月，县扶贫办举办的第二届贫困村产业发展带头人培训会，发放的物品和餐饮、住宿等价格明显高于市场价；2014 年 8 月，举办的扶贫开发建档立卡培训会没有安排食宿，但相关培训资料显示支出住宿、餐饮等费用 4.2 万元。

　　莫非他们在打扶贫培训的主意？调查组怀疑县扶贫办存在利用扶贫培训搞权力寻租的嫌疑。于是，调查组找来负责两次培训的鸿源农民科技教育培训学校校长马某某和财务负责人张某某了解情况。询问得知，该校并未受县扶贫办委托组织这两次培训，但茹秋明曾先后两次安排人员借用学校资质，编造培训资料到税务部门开具发票。

本人矢口否认，证据面前无法抵赖

　　作为在扶贫部门工作长达 9 年的干部，茹秋明也曾多次深入贫困村调研，通过扶贫项目带动贫困户脱贫致富。然而，在与少数扶贫项目开发商、培训学校负责人的推杯换盏中，茹秋明逐渐放松了警惕，萌生了贪念。

　　调查组开始与茹秋明正面接触，谈话时他避重就轻，表面上配合组织调查，实际上却不老实，只承认扶贫办举办两次培训属实，存在超标准用餐问题，扶贫办也已对此问题进行了自查整改，矢口否认存在其他违纪问题。然而，在一系列证据面前，他不得不交代了收受培训学校负责人共计 2.7 万元以及借用该校资质、套取财政资金 60094 元的违纪事实。

　　掌握这一线索后，调查组继续开展调查，结合茹秋明任职经历，认为茹秋明即将退出领导岗位，是否存在其他问题，调查组决定采取攻心方式进行深挖，试图发现其他违规违纪问题。

抽丝剥茧细查，班子成员参与分赃

随着调查的步步深入，越来越多的人员涉及此案。原来，尝到甜头后，茹秋明从单枪匹马到伙同他人一起分赃。

"套取的资金怎么花?"茹秋明想到了与自己一起"辛苦共事"的班子成员。于是，他私自决定将其中的5万元发放给其他5名副科级干部，每人1万元作为2015年年终福利。而自己先后以过路费、办公费、餐费等名义虚报票据10094元，作为个人2015年年终福利。

县扶贫办设有纪检组，但是组长陈某在明知金额远高于正常福利补贴标准的情况下，非但没有对钱的来历、性质、发放依据提出质疑，反而认为这是自己应得的。结果，陈某受到党内严重警告处分，并被调离纪检岗位。

犯了错误，理应被追责。与茹秋明合谋的其他班子成员也分别受到了党内警告处分，违纪资金全部予以收缴。该案在渑池县纪委全会上公开通报，引起强烈反响，起到了很强的警示震慑效果。

"好处费"均沾，全部被查处

—河南省鲁山县张良镇扶贫办原主任谷振永
等人骗取私分扶贫项目款问题剖析

2015 年 7 月，河南省鲁山县纪委根据群众的举报，严肃查处了该县张良镇扶贫办原主任谷振永、陶庄村原党支部书记程绍和不法商人韩某某互相勾结骗取国家扶贫项目款的案件。谷振永、程绍受到开除党籍处分并被移送司法机关追究刑事责任。

合谋："谁也不会吃亏"

2013 年春季，在鲁山县张良镇陶庄村从事乳鸽养殖项目的伟业养殖农民专业合作社负责人韩某某，经陶庄村党支部书记程绍介绍认识了张良镇扶贫办主任谷振永，一直在为养殖场扩大规模而苦于缺少资金的韩某某顿时眼前一亮。

此后，韩某某多次找谷振永，诉说自己的困难：养殖场前期基础建设投资很大，他借了不少钱。而陶庄村有不少贫困户，按照国家的扶贫政策，如果以伟业合作社的名义把扶贫项目申请下来，就可以弄到一笔钱，他的投资压力会小一些，同时养殖场办得顺利，对当地政府和百姓也是一件好事。

作为一名党员和扶贫办主任，谷振永当时知道党的纪律和扶贫工作的严肃性，他明确告诉韩某某和程绍，确定扶贫项目和申请国家扶贫资金是有严格条件的，《河南省扶贫开发到户增收试点项目管理办法（试行）》规定，必须提供50户以上贫困户均参与搞养殖的证明材料，才能按照每户4000元的标准拨付专项扶贫资金。

商量了几次，韩某某一直坚持说：这个项目若是弄成了，一定"感谢"谷振永和程绍，不会让他俩"白忙活、白付出"。程绍也劝谷振永："韩某某的鸽子养殖场已经建到村子里了，又不是假的！村里的事情由我这个支部书记担着，你只用在镇上'帮忙'就行了，韩某某不也说了嘛，'若是这件事弄成了，对咱俩也都有好处，反正不会吃亏'。"

听了程绍的劝说，谷振永几经犹豫，觉得程绍的话"也有道理"，反正"谁也不会吃亏"，于是就答应韩某某，愿意帮忙。

造假：村干部集体上阵

有了谷振永的同意和韩某某的承诺，程绍满心欢喜地回到村里，很快就召集村两委人员开会，说是要依托韩某某的养鸽场搞一个扶贫项目，村里的贫困户都可以带资入股，每户入股资金5000元，国家再给每户补贴4000元。听了程绍的介绍，村干部们一致同意实施这个项目。但是他们没想到，群众的热情并不高，几经努力，只有31户贫困户愿意入股，达不到这个项目至少入股50户的最低要求。

失望的程绍把这个信息反馈给谷振永和韩某某以后，谷振永不满地说："争取项目不容易，不能轻易放弃。如果今年弄不成，以后上面就不会再给扶贫项目了。"

程绍为难地回答："村里的贫困户都不愿意出钱入股。"此时，韩某某说："恁简单的事儿你咋想不明白？你们村委只需要把人员名单和材料整理好，其余的我来弄。事情弄成了肯定不会亏待你，也不会亏待你们村干部。"

最后，谷振永对程绍说："你回去做做村委人员的工作，你们配合好韩某某把材料弄好。"

"想着既然是造假，索性就多造几户，弄够 100 户，这样扶贫款下来大家都能多得点好处"，发财心切的韩某某指使程绍等 5 名村干部分头行动，根据谷振永提供的贫困户名单找了 69 户农户，加上之前愿意入股的 31 户，共同"编制"了总共为 100 户的《2013 年财政扶贫资金张良镇陶庄村乳鸽养殖到户增收扶贫项目补助花名册》，按照有关要求上报给了谷振永。

申报手续"完善"以后，在坐等 40 万元专项资金期间，为了达到直接控制这笔钱的目的，谷振永、程绍、韩某某又花费了不少心思。因为谷振永知道，按照扶贫到户增收项目实施办法的相关规定，每户 4000 元扶贫补贴款应该由财政部门直接打入每户的"一卡通"里。

"如果这样，我们肯定就拿不到钱了，就等于白忙活了"。想到这里，韩某某和程绍赶紧"再次行动"，连夜伪造了 100 户入股农户"自愿"把国家给每户 4000 元的扶贫补贴款入股韩某某养鸽合作社的协议——意思就是群众"同意"将上述扶贫补贴款直接拨付到伟业养殖农民专业合作社。

在他们的"精心运作"下，2013 年 8 月，该项目顺利通过上级扶贫和财政部门的验收。

私分："你给我准备点钱"

2013 年 9 月 25 日，期盼已久的 40 万元扶贫资金顺利打入伟业养殖农民专业合作社的账户。

钱到手后，韩某某很快就将真正入股的 31 户的本金 15.5 万元一次性退还。在给他们"发放"国家补贴的 4000 元时，贪心的韩某某还不忘扣下每户 400 元的所谓"培训费"。其他虚报的 69 户补贴款 27.6 万元，全部被他个人控制。

其实早在项目申报期间，谷振永就给韩某某打电话说："申报项目要完善很多手续，需要活动资金，你给我准备点钱吧。"韩某某很"识趣"，没过几天就送来 1 万元现金，他对谷振永说："项目的事情还需要你多费心，这钱你先拿着用。"谷振永没有推辞就收下了。

同样惦记"好处费"的程绍在 2013 年 5 月的一天也给韩某某打电话说："家里有事，急着用钱"，韩某某"考虑到这个项目离不开程绍的帮忙"，赶紧又准备了 2 万元现金送去。程绍同样不推辞，全额笑纳。

2013 年 10 月，谷振永再次约韩某某吃饭。饭后，二人心照不宣地来到谷振永的办公室，说话间，韩某某拿出 2 万元现金放在办公桌上，对躺在沙发上休息的谷振永说："钱给你放这儿了"，说完就离开了。

但是，原以为韩某某还会给自己有所"表示"的程绍却失望了。他等了很久也没有得到当初承诺的"好处费"，心里很不平衡，为此，他还在张良镇扶贫办公室和韩某某吵了一架。

亮剑：查处追责不手软

纸终究包不住火。

2015 年，群众将陶庄村乳鸽养殖到户增收项目造假的事情反映到纪检监察机关。6 月，在县纪委初核期间，谷振永怕出事了连累自己，就赶紧将 2 万元钱退还给韩某某。

预感不妙的韩某某迅即告诉程绍："县里可能要来检查养鸽项目。假报的 69 户贫困户，我给他们每户拿出来 500 元钱，你发给他们，就说发红利了。上级来调查时就说国家补贴的 4000 元在我这里入股了。"

此时程绍也慌了，只得依照韩某某所说，安排村文书武中志把钱发给了假报的 69 户农户，并让他们"打了收据"。

再狡猾的狐狸也斗不过猎手。2015 年 7 月 4 日，鲁山县纪委查明事实，依纪依法将谷振永、程绍、韩某某 3 人涉嫌犯罪的线索移送司法机关依法处理。

"国家扶贫资金是为改善贫困户生产和生活条件，提高贫困人口生活质量和综合素质，支持贫困地区发展经济和社会事业而设立的财政专项资金，本应该用在最需要的地方，却被不法分子骗取。这起案件的发生，不仅暴露了一些基层干部法纪意识的欠缺，也暴露了监管部门不负责任的问题。"鲁山县纪委有关负责人说。

在这起案件中，县纪委调查发现：有关部门没有严格按规定实地查看，主要依据基层上报的纸质材料就确定立项，项目的验收检查环节存在流于形式、把关不严；扶贫资金下拨后，财政和扶贫主管部门没有对资金后续使用情况进行跟踪监管，只是一拨了之，普遍存在责任心不强，把关不严的问题。对此，鲁山县纪委硬起手腕，对有关部门不负责任的领导干部和工作人员进行了严肃追责，县扶贫办原副主任邓锦、基础建设股原股长赵宗岩，县财政局农业股原副股长徐东艳，张良镇原人大副主席王盛、财政所原所长杨新一等人分别受到了党内严重警告、行政记过、行政撤职等党纪政纪处分。

横行乡里的"村霸"

——河南省舞阳县澧河村党支部原书记张健国严重违纪问题剖析

在河南省漯河市舞阳县孟寨镇澧河村，原村党支部书记、村委会主任张健国是个妇孺皆知的"名人"，号称"万岁"，其"知名度"建立在他为非作歹榨取村民利益上。

2013年6月13日，澧河村100多名愤怒的群众集体到县政府上访，拉开了查办张健国严重违纪问题的序幕。

2013年12月，舞阳县纪委给予张健国开除党籍处分，并将其涉嫌违法问题移交司法机关处理。2014年12月，舞阳县人民法院一审判处张健国有期徒刑17年，并处罚金25万元。

骄横跋扈，村内号称"万岁"

张健国任村干部初期，热心为群众办事，工作积极主动，很快将澧河村由一个"脏、乱、差"村变成基础设施完善、各项工作靠前的"明星村"。但随着个人欲望的膨胀，他为群众服务的热情没有了，俨然一副"官老爷"架势，常常以势压人，索要他人钱财，动辄打骂群众。

2013年7月，调查组掌握了张健国一定的违纪事实后，决定与他见面谈话。谈话过程中，张健国的一句话，惊呆了调查组的同志。张健国说："别看你们正在调查我，我现在回到村里，村里的人还得喊我

'万岁'!"

以"万岁"自居，正是张健国独断专行、唯我独尊、作风粗暴的典型表现。在澧河村，对于与其意见相左或稍有矛盾的村民，张健国时常采用打骂加威胁的"高压手段"。

据调查组查实的情况，2003 年至 2012 年间，张健国伙同其弟弟张健芳先后 6 次打骂本村村民；两次借故敲诈他人现金 6 万元，而被其打骂及敲诈的村民，慑于其淫威，多数选择了忍气吞声，不敢报警。2005 年，时任村委会主任的张健国因工作与时任村党支部书记的柴某意见不一致，张健国竟然在村"两委"会上公然将柴某打伤。

在澧河村，不仅村"两委"的大小事张健国要说了算，连群众家办个红白喜事都要"先踩他家的门边"，经他点头同意，不然不足以显示他的威风。

张健国本族的一个叔叔，家里要办丧事，出于对张健国的"尊敬"，去其家给其"汇报"。"汇报"完准备出门时，张健国居然以丧事晦气为由，逼迫其族叔给他下跪磕头，简直无法无天！

独断专行，集体资产成为"自留地"

作为澧河村的一把手，张健国以"万岁"自居，一言九鼎，说一不二，无人敢将其"虎须"。村里的集体资产俨然成了"自留地"，任其处置。

2006 年，孟寨镇进行小城镇开发建设，紧邻镇区的澧河村规划出售本村门面地皮 96 间。张健国绕过党员群众的监督，不仅自己吃拿卡要，对其追捧支持者，地皮款或少要或不要，使集体少收入 48 万元，自己则直接占用 7.4 万元用于个人开支。就在他接受组织调查的前一个月，上级补偿给澧河村建设供水厂租地款 10.4 万元，他直接将补偿款转至自己账户，用于个人开支。

2006 年 11 月，张健国私自代表澧河村，将本村 117 亩土地以每亩每年 80 元的低价承包给其本人在内的 3 个人。为了实现个人利益的最大化，他又动起歪脑筋，私自将该土地折算为 80 亩，其他 2 名承包人每人出资 14 万元，而其本人在 1 分钱未交的情况下，还动用村里 3 万元对土地进行平整。2008 年，张健国等 3 人以 100 万元的价格，将该土地进行转包。短短 2 年，他"空手套白狼"，直接获利 40 万元。

只要是有利益的事情，张健国都不放过，可谓"雁过拔毛"。从他上任初期的出租土地、出售地皮等，到后来的建设新社区农村饮水工程等，他都能从中攫取私利。而紧邻澧河村的澧河河道里的河沙，也难逃其"魔爪"。据查，张健国在未取得许可证的情况下，私自在澧河河道内非法开采，其所采沙价值达 183 万多元。张健国靠盗采河沙发了财，而被其"扰动"的这一脉清流的护堤，则变得伤痕累累。

监管缺失，村干部集体"沦陷"

2014 年 7 月，舞阳县人民法院开庭审理张健国一案，而被告席上，其他 4 名村干部赫然在列，全部成为被告，他们涉嫌的罪名均为敲诈勒索。

经查，2008 年 10 月，张健国指使澧河村村组干部及个别村民，以舞阳县某建筑公司建筑项目占用村土地为由，采取阻工等手段，敲诈建筑公司 5 万元。2014 年 12 月，舞阳县法院以敲诈勒索罪一审判处 4 名被告 2 年到 2 年 3 个月不等的有期徒刑。

正是在所谓"万岁"的带领下，澧河村村干部全部走上了违纪违法的道路，令人扼腕叹息！

张健国不仅将村干部绑在了其违纪违法的车上，其妻子也借其淫威大发不义之财。

在澧河村，谁家违反了计划生育政策，就必须给时任澧河村妇女主任、张健国的妻子张爱萍交钱。经查，张爱萍伙同孟寨镇计生办原工作人员魏志强截留私分澧河村计划外生育户社会抚养费 9.1 万元，其中张爱萍分得 5.75 万元；同时张爱萍将代收的本村计划生育社会抚养费 3 万元直接占为己有。2014 年 10 月，法院以贪污罪一审判处张爱萍有期徒刑 7 年。

回看张健国的过去，不难发现，正是由于监管的缺失，才导致了如今局面的发生。20 世纪 80 年代，张健国曾 2 次因盗窃罪入狱服刑。正是这样一个"劣迹斑斑"的人，靠着自己的"能力"当上了村委会主任，并入了党，"顶掉"原村党支部书记，成为村里的一把手，成了"能干事、有魄力"的"明星支部书记"，村民不敢监督，上级监督不到。正是由于监督"真空"的产生，宗族势力大、"拳头硬"的张健国一家，逐渐蜕变成鱼肉乡邻的"村霸"。

乱花扶贫款，查你没商量

——河北省灵寿县南寺村多名干部违纪问题剖析

"你们假借他人名义签订施工合同，骗取私分国家扶贫资金，你认为这是什么行为？"

"违反党纪了，也是违法犯罪行为。"

面对河北省灵寿县纪委工作人员的质询，挪用私分国家专项扶贫资金的当事人南寺村党支部原委员李贵生，一再表示悔不当初。

暗箱操作，村干部沆瀣一气私分扶贫款

灵寿县是国家级贫困县，南寺村是有名的贫困村，被查出问题的这笔款项，正是南寺村2014年度"板栗种植、核桃种植挖水平沟"专项扶贫款。

"2014年上半年，县扶贫办批给我们村20万元核桃板栗专项资金。当年10月，时任村委会主任的闫瑞峰召集我们几个村党支部委员去他家里开会，商量这个项目怎么办。"

李贵生回忆，留下10万元专项扶贫款作为村集体收入，是会议当场决定的，而剩下的10万元，当时计划由承包商安排。"会上还决定说谁找承包商都可以，只要对方有施工能力就行，找到了就给闫瑞峰回个话，再签订一份施工合同。"

开会回来的路上，李贵生和村党支部委员闫闯街边走边合计：这活儿

最好能揽过来自己干，就是需要一个名义上的承包人。两人就去找了某加油站的负责人刘兰风，承诺以后从她这里加油，再给她几百元好处费，刘兰风就答应了。

随后，李贵生和闫闯街分头找了闫瑞峰和村会计孙书芳，商量"扶贫挖沟的事儿，咱们几个干行不行"。

4人一拍即合，决定分工合作联手承包下这个项目。闫瑞峰把关，闫闯街联系挖掘机，李贵生和孙书芳负责拟定虚假的承包合同及走账。

工程完工之后，20万元专项资金很快就拨付给名义上的项目承包人刘兰风。随后，10万元被转到了村委会账上，剩下的10万元在扣除2万元工程款后，结余了足足8万元。

闫瑞峰大笔一挥，参与承包的4人每人分到了2万元。

纪委行动，四"蝇贪"破纪违法终受惩处

2016年初，灵寿县纪委接到了南寺村村民举报，称闫瑞峰等几名村干部挪用专项扶贫款。

2016年5月10日，灵寿县纪委对有关问题进行了初步核实，6月20日正式立案。

负责办理此案的灵寿县纪委第五纪工委书记张振合在初核时就发现，案情比想象中更为严重——不仅是挪用，还涉及私分专项扶贫款。

最初，几个当事人一直声称，被挪用的10万元是为补齐之前村里的"窟窿"（事后查明被用于交医疗保险、村里日常开支、新民居建设欠款等），而剩下的10万元是他们租挖掘机、起早贪黑干工程应得的辛苦钱。"要是包给工程队这价码根本下不来，怎么能算私分扶贫款呢？"

经过县纪委办案人员反复讲解政策，闫瑞峰等4人逐渐意识到在扶贫专项资金领域，不能"用打酱油的钱买醋"，更不能把钱私揣腰包。在证人证言、票据等大量证据面前，他们还交代了假借他人名义、伪造虚假施工合同、私分国家专项扶贫资金的违纪违法事实。

2016 年底，灵寿县纪委作出处理决定，给予闫瑞峰、闫闯街、李贵生、孙书芳开除党籍处分。灵寿县人民法院也分别判处闫瑞峰等 4 人相应的有期徒刑和数目不等的罚金。

严明纪律，"雁过拔毛"问题绝不姑息

南寺村位于太行山深山区，也是灵寿县的重点贫困村，一直受到党和政府的特别关注。在孙书芳的叙述中，村里几乎每年都会收到数十万元的各种专项款。

大量的专项资金掌握在手中，身为村官的几个人心理都起了变化。在他们看来，基层干部工作太辛苦，起早贪黑，忙里忙外，收入还不高。因此，"雁过拔毛"、想办法在项目款里挪一点、套一点、捞一点都不算什么，只要把表面程序做圆满就没大事儿。有了这样的念头作祟，几个人终于把黑手伸向了 2014 年度的专项扶贫款，并为此付出了沉重的代价。

为确保每一分"救命钱""造血钱"都真正用到贫困群众身上，灵寿县纪委开展专项督查，聚焦截留私分、虚报冒领、贪污挪用等问题，对于相关问题线索优先查办，以零容忍的态度严惩扶贫领域的违纪违规行为，为打赢扶贫开发攻坚战提供坚强的纪律保障。

"红铁人"如何蜕变为"阶下囚"

——河北省涉县更乐镇红街村党支部原书记 张学林严重违纪违法问题剖析

张学林，男，1954 年 12 月出生，河北省涉县更乐镇红街村人，1971 年高中毕业后，先后任红街村团支部书记、民兵连长、村会计，1987 年开始任红街村党支部书记（2008 年 4 月至 2015 年 1 月兼任红街村村委会主任）。2016 年 4 月 1 日，张学林因严重违纪被涉县纪委立案审查，5 月 23 日被开除党籍，其涉嫌犯罪问题移送司法机关处理。

张学林少年好学，青年奋斗，壮年逐利，中年贪欲大起，以致晚节不保，一生成就付之东流，教训之深刻令人痛惜。

坚强铁人，曾经辉煌

时光回溯到 1987 年，33 岁的张学林开始担任红街村党支部书记，他一干就是 29 年。他在担任红街村党支部书记前期，身患重疾与死神抗争，靠着惊人毅力战胜了淋巴结核、小肠坏死、贲门癌，食管被切除 6 公分，肋骨被去掉 2 根，胃被切除 70%，5 米多的小肠被切得仅剩 1 米多点。

张学林视疾病如考验，以忘我的精神，带领全村群众建厂修路，发展集体企业，硬是把"鬼见了也发愁，神来了也难治"的红街村变成了全国闻名的小康村。他也因此受到了群众的爱戴和拥护，被亲切地称为"红铁人"。

　　张学林先后40多次被省、市、县授予"劳动模范"、"优秀共产党员"和"十大优秀人民公仆"等荣誉称号，被当地百姓称为"涉县孔繁森""人民好公仆"，2001年他被授予"全国优秀共产党员"的称号。

放纵私欲，足迹偏离

　　张学林的私欲在20世纪90年代末一场持续18个小时的支委会上开始暴露。为让支委委员同意有恩于自己的李某一家落户红街村，张学林召开支委会。支委委员杨某回忆说："当时支委委员都已经明确表示反对，但他就是不让散会，不同意就一直商量。"这场会议从下午2点持续到第二天早上8点，一直僵持了18个小时，最终不欢而散。但很快，张学林亲自为李某一家办理了落户手续，并将强烈反对的杨某打压免职。

　　"感觉他就是从那件事开始发生了变化，功劳大了，多少人反对他也不放在眼里了。"熟悉张学林的人回忆说。"落户事件"后，意识到反对自己的人开始增多的张学林，开始大肆发展家族成员和亲信入党，先后将其哥哥、弟弟、弟媳、堂弟、司机、会计及与其关系密切的人以组织名义发展为党员，提高自己在党员中的支持率。他长期把持村集体重大权力，村级事务个人决策权无人能与之抗衡。2003年，他干脆跳过集体研究程序，私自将1800多万元的住宅楼工程承包给某建筑公司负责。

　　理想信念的滑坡是最危险的滑坡，理想信念的动摇是最致命的动摇。越是在成绩和荣誉面前，越应该谦虚谨慎。张学林错误地放大了个人作用，理想信念动摇，私欲逐渐膨胀，工作中独断专行，行为上肆无忌惮，这都为他走上末路埋下了伏笔。

越陷越深，违纪破法

　　张学林在《悔过书》里写道："我入党30多年，担任村支书将近30年，自认为给村里做了大量工作，但是工资待遇很低，内心逐渐不平衡，随着接触的各类人员越来越多，生活水平也要求越来越高，苦日子过不惯了，面对村里大量的流动资金，自己逐渐产生了贪念，有了不拿白不拿、有权不用过期作废的想法……"他不锻炼党性，迷失于欲望之中，违纪破法蜕变腐败就成为必然。

2001 年，红街村专门成立了"红街村规划物业服务部"，负责新民居工程建设。因是企业性质，该账目长期脱离县农工部门、乡镇业务主管部门的监管。2013 年 1 月至 2014 年 12 月，张学林先后 4 次通过虚造工程项目、虚列工程量，套取村集体工程款 194.4 万元，并将其中 161.79 万元用于个人消费、借贷。张学林会计出身，精通做账程序，套取的资金由村财务转至"服务部"，再转至防腐保温公司账户，几经转手没有人发现。张学林说："最开始只是为了解决村里的不合理开支，但后来发现这种方式不但手段隐秘，而且效率高、来钱快，便一发不可收拾。"

欲望的闸门一旦打开，贪欲便会一泻千里。从村集体套取工程款后张学林继续"敲骨吸髓"，将侵占的大部分集体资金反过来以 15% 至 24% 不等的高额利率贷给村集体，调查组从村财务账面发现张学林个人提取的利息达 89.2 万元。张学林将他抓机遇、搞经济、办企业的灵活头脑，用在了从村集体利益中攫取个人私利上。

大树断根，枝枯叶萎

2015 年元宵节，红街村的灯会上，村民抬着"心系百姓鱼得水，脱离群众树断根"的一块牌匾参加元宵节灯会游街，这触动了张学林敏感的神经，他在灯会上大发雷霆阻止人们抬着这块扎眼的牌匾游街。2016 年元宵节后，县纪委对群众反映的张学林问题开始核查，村民激动得又将此匾抬出来游街三天。

2016 年 3 月 18 日，红街村百余名群众又到县委集体反映张学林一系列违纪违法问题，县委主要领导亲自接待，在听取群众诉求后，迅速召开专题会议研究，成立由县纪委牵头，检察院、公安局、审计局、农工委、国土局等单位为成员的联合调查组对张学林违纪问题进行彻查。

调查阶段，张学林仍心存侥幸，态度蛮横，提供虚假信息，干扰调查。"在与其谈话时，他上来就表功，说自己获过哪些荣誉，干过哪些事，对其违纪违法行为闭口不谈。"调查组成员说。

经过一个多月的较量，张学林严重违反政治纪律、组织纪律、廉洁纪律，以及涉嫌职务侵占村集体资金、索贿、对单位行贿、贪污专项公益款等一系列违纪违法问题浮出水面。

在大量的证据面前，张学林终于低下头说："我对不起党，对不住组织，对不住红街百姓。"

对贫困户毫不关心，对收红包无比上心

——广西壮族自治区武宣县扶贫办原主任覃圣巍违纪问题剖析

2015 年 11 月 24 日，站在法庭被告席上的覃圣巍满脸沮丧。"我在工作中没有坚持原则，不按照规章制度办事，放松了对自己的要求，希望大家要以我为鉴，不要重蹈我的覆辙。"追悔莫及的他对在场旁听的党员干部说。

经查，2010 年 10 月至 2015 年 1 月，覃圣巍在担任广西壮族自治区武宣县扶贫办主任期间，不担当、不负责，致使国家巨额扶贫资金被套取；收受贿赂，与老板相互勾结，影响恶劣。

乐呵呵地当起"甩手掌柜"

2015 年 3 月，住在武宣县东乡镇合群村的黎成第（化名）碰上了件怪事：自己家里那 4 亩多地，明明只种水稻和花生，竟在 2012 年被名叫周丽云的陌生人"种"上了 3 亩无公害的生姜。"这张签收表上除了身份证号码是我儿子的，其他都是假的。我们家没有种过生姜，也没有领取过生姜种苗。"黎成第向县纪委工作人员反映。

碰上这种怪事的不只黎成第家，武宣县其他乡镇贫困村的村民们也发现县扶贫办产业扶贫相关登记表不对劲——

发放指天椒、莴笋、生姜种苗的登记表上出现了很多不认识的名字，还有些村民领取了种苗，但没有种植那么多，或者根本没有种过辣椒、莴笋、生姜。

这究竟是怎么回事？

要揭开这些怪事的谜团，还得从武宣县扶贫办几年前实施的产业扶助项目说起。2009—2012年，武宣县开展贫困村重点产业开发项目工作，在全县扶持贫困户种植无公害蔬菜，对符合条件的贫困户在种苗、肥料、技术培训等方面进行补助，希望通过产业支持，建立"公司＋农户"产销一条龙的模式，帮助村民走上致富路。该项目涉及全县5个乡镇，19个贫困村的群众共3611人，金额达277.222万元。这对于贫困村的村民来说，本来是件好事。但令人始料未及的是，惠民政策却被一些别有用心的人当成生财之道。

2010年11月5日—2012年2月23日间，覃圣巍和武宣东尊食品有限公司（以下简称"东尊公司"）的法人代表黄某，分别签订了种植辣椒2000亩、种植莴笋550亩、种植生姜1000亩的协议书。但是，覃圣巍却未将自治区、来宾市对扶贫产业开发项目的要求列入协议书中。这让东尊公司在实施项目的过程中钻了空子。

2010年至2012年间，东尊公司全员上阵，编造农户姓名、身份证号码，仿造签名、拇指印，填报每年发放的种苗农户签领单，三年里虚构农户1330人。还通过修改农户种植面积、领取种苗数量，虚报发放种苗数量等手段，一手炮制了黎成第等农户碰上的一系列怪事，疯狂骗取国家扶贫资金共计63万余元。

在这个过程中，覃圣巍作为扶贫办的主要领导，没有认真履行监管职责。他认为自己是领导，不用事必躬亲，而且已与东尊公司合作多年，也签订了协议，可以"高枕无忧"。于是他只叮嘱了分管领导做好监督工作，就乐呵呵地当起"甩手掌柜"。可没想到，分管领导同样不担当、不负责。就这样，他们既没有按照要求开展阶段性验收，将验收结果进行公示，也没有设立产业项目简介牌，公开接受群众监督。对于贫困农户是否得到帮助，他们根本毫不关心。

把收受红包礼金当"礼尚往来"

覃圣巍对于贫困村民的利益毫不关心，但关系到自己利益时，小算盘却打得"噼啪"响。

2011 年夏天的某日，东尊公司老板黄某从与覃圣巍的通话中得知覃圣巍在逛商场，马上"顺便"来到该商场陪同。覃圣巍看中一台价值7000 元的电视机，但没有当场买下，表示还要考虑考虑。黄某看在眼里，记在心里。于是，覃圣巍前脚刚进家门，商场工作人员后脚就把电视机送上门了。

覃圣巍猜到电视机是黄某送的，随即打电话确认，先推托不收，在黄某的一再坚持下，他说："那电视机就算我借你的钱买的，等我有钱了再还给你吧!"但所谓的"还钱"，事后却被证明不过是他贪腐的借口罢了。

对于逢年过节收点老板的红包，覃圣巍一向不以为然，认为是正常的礼尚往来，殊不知正是这些红包打开了他贪腐的闸门。

每年都通过武宣县扶贫办获得政府扶贫贴息贷款的某公司，为感谢覃圣巍的"关照"，由该公司原董事长左某在 2013 年中秋节前向覃圣巍送上 2 万元现金的"节礼"。2014 年，左某再次送上 2 万元现金。

通过这样的"礼尚往来"，覃圣巍多次收受他人财物共计22.7 万元，甚至在党的十八大后，仍不收敛，先后 10 次收取老板的红包共计14 万元。

与老板密切"合作"

覃圣巍为了谋取私利，置党纪国法于不顾，还主动与老板密切"合作"，大搞暗箱操作，大肆收受老板的"好处费"。

县扶贫办的工程项目大多达不到公开招标的条件，一般都是经过邀请招标的方式实施。覃圣巍作为县扶贫办主任，在扶贫工程项目招标工作中有着举足轻重的作用。每年扶贫计划下达后，他的办公室就少不了老板来打探情况，桐岭镇廖某就是其中一个。

廖某是覃圣巍 2010 年通过他人介绍认识的，他未成立具有建筑资质的公司，按照正常程序，不能承接扶贫办的工程。但是，覃圣巍认为廖某为人比较"可靠"，工程质量也过关，可以把扶贫工程发包给他做。经过覃圣巍的大力"帮助"，廖某从 2011 年到 2015 年陆续承接了桐岭镇、思灵乡村级道路、桥梁、水塔建设等近 200 万元的工程。当然，忙不是白帮的，廖某自 2011 年春节起分三次向覃圣巍送去 5 万元"感谢费"。

承接村级巷道硬化等小工程的个体老板覃某，一直跟覃圣巍父母保持着良好关系，覃圣巍私底下称覃某为"叔"。覃圣巍当上扶贫办主任，自然得关照一下"自家人"。2011—2014 年，覃某承接了县扶贫办的多个工程项目。作为回报，每年春节覃某到覃圣巍家拜年时，都在装礼物的盒子里放上 1 万元，连续 5 年以此种方式送了 5 万元的"感谢费"。

多行不义必自毙。2016 年 8 月，武宣县人民法院一审判决覃圣巍犯玩忽职守罪、受贿罪，判处有期徒刑 1 年 10 个月，并处罚金人民币 10 万元。

机关算尽终"翻船"

—— 广西壮族自治区北海市水产畜牧兽医局
原局长陈全彪严重违纪问题剖析

广西壮族自治区北海市水产畜牧兽医局原党组书记、局长陈全彪因严重违反政治纪律、组织纪律、廉洁纪律、工作纪律、生活纪律，涉案金额巨大，被开除党籍和公职，并移送司法机关依法处理，在当地引起轰动。

该案成功查处后，北海市纪委迅速启动"一案双查"，对履行监督责任不力的驻市水产畜牧兽医局纪检组长李松山进行责任追究，并以陈全彪一案为典型在该局召开警示教育大会，12 名党员干部受到触动，主动向市纪委讲清问题，退缴违纪款 80 多万元。

所有找他办事的人，都要到他开办的
天成轩"喝茶聊天"

被当地群众戏称为"五毒局长"的陈全彪，1964 年出生，从上海水产学院毕业后做过工人，当过水产公司经理。1996 年，32 岁的他已是一名副处级领导干部；35 岁即提任北海市水产系统正处级领导干部，在当时的党政机关可谓凤毛麟角，前途一片光明。

2008 年，陈全彪任北海市水产畜牧兽医局副局长兼市渔政渔港监督支队支队长，虽然是个副职，但已得到不少人的"仰慕"。这年春节前的一个上午，一名下属来到他办公室汇报工作，临走前悄悄塞给他一个信封，说春节到了，按照惯例，提前给小孩一点压岁钱。就在这天上午，连续来了四个人，不约而同地给陈全彪奉上了红包，共计4万元。

"退？可春节快到了，正是需要钱的时候，这些钱相当于自己一年的工资。不退？纪委刚发文强调廉洁过节，被查到就完了。"陈全彪虽有心理斗争，但最终敌不过金钱的诱惑，他麻痹自己说"先放我这，以后再退"，就这样把钱收下了。

自那时起，一条烟、一张卡在他眼里开始不算什么，收受一万两万的礼品礼金，也从忐忑不安到心安理得，从半推半就到主动索取。

2012年初，陈全彪与他人合伙违规在本单位门口的铺面成立北海市天成轩商贸有限公司，表面经营烟、酒、茶，实际大搞权钱交易、权色交易。所有找他办事的人，都被他约到天成轩"喝茶聊天"，消费少则千元，多则万元。直至2014年7月公司解散，共赚取利润10万元。

执纪人员在审查过程中查看陈全彪的笔记本，上面写的既不是学习心得，也不是业务知识，而是"葡萄美酒夜光杯，金钱美女一大堆"等一组组充斥着低级趣味的打油诗。满脑子财与色，正是陈全彪内心的真实写照。也正因为被邪念占据了头脑，他在违纪违法的路上越走越远，直至身败名裂。

处心积虑培养亲信，严重败坏单位风气

掉进钱眼里的陈全彪，胃口越来越大，开始处心积虑地为自己的晋升规划"路线图"，频繁调整单位人事，想方设法拉拢"志同道合"的人助其敛财。

"虽然我是个副职，但我手中有权，手中有权就有钱，我要借鸡生蛋，把单位的一把手宝座弄到手才会大展宏图。"2009年的一次饭局上，陈全彪毫无顾忌地对时任市渔政渔港监督支队地角大队大队长梁家禄表明自己的"雄心壮志"。正琢磨怎么巴结陈全彪的梁家禄心领神会，2009年

至 2011 年间，每年送 10 万元给陈全彪用于跑官。陈全彪顺利当上局长后，自然不会忘了鞍前马后的"兄弟"。为"答谢"梁家禄，先是把他调整为渔政渔港监督支队渔船渔港监督管理科科长兼市渔业船舶检验局局长。2015 年 9 月，不顾分管领导反对，把已被法院列为失信人员的梁家禄任命为市渔政渔港监督支队副支队长兼市渔业船舶检验局局长。梁家禄对此感恩戴德，更加卖力地为陈全彪攫取利益。

有了"榜样"，北海市渔政渔港监督支队铁山港大队原副大队长卢飞龙有样学样，于 2009 年至 2011 年间多次送礼给陈全彪。陈全彪果然如其所愿，提拔他为铁山港大队大队长。2014 年，卢飞龙因徇私舞弊导致休渔期不法渔民偷捕，被中央电视台两次曝光，影响恶劣，市渔政渔港监督支队书面请示免去其大队长职务，但陈全彪依然不顾反对，继续让卢飞龙留任。最终，卢飞龙因徇私舞弊罪被法院判处有期徒刑。

除了培养亲信，陈全彪还处心积虑调配干部。一些干部在关键岗位尝到"甜头"后，如不主动"表示"就会被立即调离。他还经常从下属单位借调人员，让他们看到被调入的希望，但又不会真正被调入，只有给其送礼后方才"考虑考虑"。

一些干部看到陈全彪喜欢钱，也纷纷上门表示"心意"。2009 年起，陈全彪利用职务便利，多次收受下属及管理和服务对象等 16 人所送的礼金，共计 166 万元。

上梁不正下梁歪。这种"拿人钱财，替人办事"的"潜规则"，在陈全彪管辖的范围内成了公开的秘密。执纪人员调查发现，自陈全彪 2014 年 5 月担任市水产畜牧兽医局党组书记以来，该局共有 14 名工作人员因违纪被给予党纪政纪处分，多人被追究刑事责任。

想"干一票大的"，疯狂侵吞渔船更新改造补贴

2012 年起，国家每年安排北海市渔船更新改造补贴 1 亿多元，每艘船补贴 200 万—450 万元，补贴方式为先建后补。面对如此庞大的财政专

项资金，欲望膨胀的陈全彪决定要"干一票大的"。

2014 年，广西渔轮厂原厂长钟汝康同老乡陆秋明以本人或亲属的名义成立多家渔业公司，并邀陈全彪入伙。经三人商议决定，陆秋明负责找船主办理更新改造项目，以渔业公司名义申报项目；钟汝康负责项目编制，实施造船项目；陈全彪负责找水产畜牧兽医局相关人员打招呼，加快办理；所收费用扣减成本后由三人均分。为防止船主中途反悔，三人还以渔业公司名义与船主签订了陈全彪"精心修改"后的《渔船更新改造合作协议书》。直至案发时，陈全彪等人为 24 艘渔船申请渔船更新改造补贴，共收取好处费 1000 多万元，陆秋明用这些钱购买了 6 艘渔船，其中陈全彪分得 60 万元。

除了在渔船更新改造中攫取巨额利润，陈全彪还在渔船拆解中"主动出击"。2013 年上半年，陈全彪与陆秋明合谋，由陆秋明充当说客，积极寻找"客户"，陈全彪利用职务便利，帮助不符合拆解条件、有证无船的船东或不愿意将旧船拆解的船主进行渔船假拆，收受船主财物作为好处费。至案发，为船主办理 18 艘渔船假拆，从中收取好处费共 815 万元，陈全彪从中分得 532 万元。

执迷不悟对抗审查，弄巧成拙被严惩

再狡猾的狐狸也有露出尾巴的时候。2016 年 4 月，陆秋明因涉嫌犯罪被检察机关立案侦查，陈全彪顿时乱了阵脚，连忙指使钟汝康找人疏通关系，企图平息陆秋明被抓事件。为稳妥起见，陈全彪更是立刻通知妻子、儿子等人连夜从苏州赶到北海，将存放在出租屋内的 300 多万元赃款进行转移。

2016 年 4 月 26 日，广西壮族自治区北海市纪委在市水产畜牧兽医局召开全体干部警示教育大会，通报梁家禄严重违纪问题。在迎接市纪委工作人员时，陈全彪连连表示"歉意"："梁家禄出事，我作为一把手有责任，没管好干部带好队伍。"

　　陈全彪没想到，接下来还有更劲爆的消息等着他——当全体人员坐好后，市纪委工作人员宣布，陈全彪涉嫌严重违纪接受组织审查。会场顿时鸦雀无声，陈全彪双眼充满恐惧，脸色发白，全身发抖，被执纪人员从会场带走。事后，陈全彪坦言："那一刻太出乎我意料了，顿时感觉灵魂都已经不在了，大脑一片空白，万万没有想到会有这一幕，会场下都是我领导的人啊！一下子打乱了预先的防调查心理准备。"

　　接受组织审查期间，陈全彪依然心存侥幸，抱着与组织对抗到底的心思，拒不配合，顾左右而言他。可他严重低估了组织惩处腐败问题的决心。在多个部门的配合下，他的严重违纪问题像剥洋葱一样被层层查清。在扎实的证据面前，自以为做得天衣无缝的陈全彪，思想防线彻底瓦解，逐步交代了违纪事实。

扶贫办主任栽在小鸡苗上

——广西壮族自治区防城港市港口区扶贫办原主任陈杰腐败问题剖析

广西壮族自治区防城港市港口区扶贫办原主任陈杰在接受组织调查的日子里，不时会想起自己20多年的工作历程，面对昔日的辉煌和今日的不堪，他常常陷入深深的悔恨中……

陈杰20岁入党，通过数十年努力先后当上了港口区农业局局长、扶贫办主任。熟悉他的人反映，陈杰从来都是无利不起早，凡事"利"当头。

在该区扶贫办，产业扶贫专项资金每年只有三四十万元，可在陈杰贪婪的眼里，一样蕴藏着捞钱机会。适逢上级拨付专项资金，要求采购鸡苗免费发放给贫困村民，陈杰心中一阵窃喜："机会来了!"

经人介绍，他结识了当地以贩卖饲料、鸡苗为生的马某，马某与陈杰年龄相仿，整天兄长弟短，曾多次请求陈杰"关照"，一起发财。得知陈杰要将鸡苗采购业务交给他，马某欣喜若狂。然而，他也知道，素有"铁公鸡"之称的陈杰，绝不会白给自己这么一块"馅饼"。果不其然，陈杰很干脆："项目可以给，但钱要一起赚。"一个"互惠"协议迅速达成：马某提供的鸡苗价格为每只6.5元，陈杰在每只鸡苗上抽取好处费，有时是0.95元，有时是1元。几年来，每进一批鸡苗，马某都会"信守诺言"，按时兑现。

俗话说"没有不透风的墙"。自以为做得天衣无缝的陈杰在区纪委一次民生资金监督检查中露出了马脚：一是鸡苗发放清单上登记的数量与扶贫户实际领到的数量出入过大，如有的扶贫户领了 10 只，但清单上登记的却是 20 只。二是存在冒名签领。扶贫户几乎全部称清单上的签名不是自己的亲笔签名。由此揭开了扶贫鸡苗背后的黑幕，小鸡苗最终成为陈杰的大"克星"。

经查，陈杰在担任港口区扶贫办主任期间，独断专行，"力排众议"，将该区鸡苗采购业务交给"好兄弟"马某的鸡苗公司，而马某所谓的鸡苗公司实际上就是他以前贩鸡的场地，根本未取得养殖场授权。2010 年至 2014 年间，陈杰先后收受马某好处费共计 20.28 万元。

此外，调查中还发现陈杰在该区扶贫办组织开展的多个基础设施扶贫项目中，帮助多家建筑公司获得项目，并收取好处费。

从组织对陈杰进行审查的那一刻起，他就已经后悔不迭，积极退出赃款 35 万元。但早知今日，又何必当初？2015 年 12 月 18 日，陈杰受到开除党籍、开除公职处分。2016 年 7 月 2 日，港口区人民法院以贪污罪、受贿罪判处其有期徒刑 5 年，并处罚金 50 万元。

揪出水柜中隐藏的"吸血虫"

—— 广西壮族自治区天等县民族村党总支原副书记、
村委会原副主任农丕强套取扶贫款问题剖析

"我的银行账户里明明有两笔水柜补助款进账,总共 1.2 万元,怎么到我手里只有 4000 块?难道国家又收回去了 8000 块?"2016 年 12 月 7 日一大早,家住广西壮族自治区天等县向都镇民族村的村民黄某来到该县纪委信访室,向接访的工作人员反映了存于心中几年的疑惑:2010 年,他自己修建了一个家用水柜,并得到国家扶贫项目补助款 1.2 万元,但是资金下拨后,村干部以水柜容积不达标为由,只给了他 4000 元补助,其他资金不知去向。

接到举报后,该县纪委立即成立 2 个工作小组,分别进驻涉及部门和民族村开展调查。经过 3 天的调查核实,一起涉及村干部虚报套取、截留侵占扶贫项目资金的腐败问题浮出水面。

私自扣留村民 34 本存折

2010 年 3 月,民族村获得 45 个"大石山区家庭水柜"建设指标,每个指标补助 1.2 万元。验收合格后,补助资金被拨付到各指标户的信用社账户。

然而,在农户拿到钱之前,村党总支副书记、村委会副主任农丕强早已经打开了存放这些资金的"钱袋子"。

原来，项目验收前，农丕强收集了 34 个农户的信用社存折，加上自己的那本存折，总共 35 本交到县扶贫办统一进行信息登记（其中有 10 户群众由于没有信用社账户，就委托农丕强先将补助款打到农丕强个人账户后再转给他们）。然而，从扶贫办回来后，农丕强并没有将 34 本存折还给农户，而是悄悄地存放在自己的床头柜。

2010 年 11 月 24 日，第一批补助款拨付到各指标户的银行账户上，每个指标 0.8 万元，其中拨付到农丕强账户上为 11 个指标的补助款共 8.8 万元，其余 34 户 27.2 万元。第二天，农丕强拿着农户的存折到当地银行柜台取出现金 5 万元，其余 22.2 万元通过转账的方式转到自己信用社账户上。

2011 年 1 月 28 日，第二批补助款拨付到各指标户的银行账户上，每个指标 0.4 万元。这一次，农丕强转账到其个人信用社账户上 7.9 万元，其余的 5.7 万元分次提取现金。

"吸血"吸得"名正言顺"

这些钱，农丕强看起来拿得名正言顺。

"只有承包工程，付出点劳动，才能合理地得到那些补助款。"项目没开展之前，农丕强就已经和儿子农基伟商量好了，要承包一些水柜指标来建设，然后从农户的补助款当中扣除工程款。

"农某冠 3000 元、黄某珍 4500 元、林某红 1000 元、农某奇 3000 元……"水柜验收后，农丕强自己制定了分钱方案：对于农户自己购买材料并自己建设水柜的，农丕强给全额补助款；对于自建水柜但是没有钱购买材料的，农丕强父子俩用自家的农用运输车专门运输水泥、石料等建材到户，这部分农户，农丕强直接扣除材料费、运输费用，再相应给他们 800 元至 2400 元不等的工钱补助。

"自家建水柜，白得建材不说，还得到工钱补助，政府真是太好了！"回想起当时的情景，村民林某说，得到资金补助，群众无不赞扬党的政策好。然而谁也没想到，农丕强父子俩就在群众的赞扬声中，将他们每户4000 元至 8000 元不等的补助余款纳入囊中。此外，农丕强父子还采用包工包料的方式为 11 户群众建家庭水柜，这些农户的补助款全部转移到农丕强个人账户中。

无中生有空手套"白银"

为套取扶贫资金，农丕强真是绞尽了脑汁，不放过任何一个机会。

2010 年 7 月的一天，刚刚吃过午饭的农丕强在村子里闲逛时，偶然看见本村农户林某红和农某奇家各有一个已经建成多年的地头水柜，水柜的项目牌显示是 2000 年和 2002 年建设的。看到这两个几乎要废弃的地头水柜，农丕强心里乐滋滋的。

不久，农丕强将林某红、农某奇 2 户作为新建水柜户虚报 2 个指标。而补助款下拨后，农丕强将补助款分给林某红 1000 元，分给农某奇 3000元，其余 2 万元截留。此外，他用同样的手段以民族村登仇屯一李姓农户的名义虚报套取 1 个指标 1.2 万元补助。

就这样，农丕强在组织开展"大石山区家庭水柜"扶贫项目建设工作中共虚报套取、截留扶贫项目资金超过 16 万元。

原本以为自己做得很隐蔽不会被发现，原本以为事情过去很久查无实据了。然而，无论蛰伏多久，法纪的制裁终会来临。2016 年 12 月，天等县纪委监察局对农丕强立案审查。这只隐藏在水柜里 6 年之久的"吸血虫"终被揪出。

"诈捐"牵出贪局长

——西藏自治区改则县原副县长，阿里地区民政局党组原副书记、局长次仁吉吉违纪问题剖析

2016 年 6 月，西藏自治区阿里地区改则县原副县长，阿里地区民政局党组原副书记、局长次仁吉吉因套取、挪用、贪污、挥霍国家扶贫项目专项资金，收受贿赂，收受干部职工礼金，玩忽职守、造成扶贫专项资金流失等违纪问题，受到开除党籍和开除公职处分，并收缴违纪所得，其涉嫌犯罪问题及线索移送司法机关依法处理。

一次随意拍板的"爱心倡议"牵出腐败案

次仁吉吉的"现形记"，得从一次"诈捐"风波说起。

2015 年 5 月，次仁吉吉从改则县副县长任上被提拔到阿里地区民政局担任主要领导三个多月，让她没有想到的是，一次"习以为常"的擅权妄为，让刚上任的她点燃了自己"落马"的"导火线"。

2015 年 5 月，两名自称为贫困青少年募捐图书的外地商人找上了阿里地区民政局相关科室工作人员，在接待并了解情况后，这名工作人员将情况汇报给了次仁吉吉。然而让人感到意外的是，在未对这两人身份做任何核实、调查的情况下，次仁吉吉就随意拍板应下，表示大力支持。紧接着，该活动以阿里地区民政局的名义，向阿里地区各县、地直党政机关、企事业单位发出了《关于组织开展〈关爱青少年健康成长系列丛书〉捐赠

活动的倡议书》，一场以关爱青少年为名的诈捐活动在阿里地区如火如荼地进行着。

"我去捐款的时候，发现现场工作人员不是该单位的工作人员，而且催款特别积极，觉得他们的行为有些可疑。所以，就向阿里地区纪委举报了这件事情。"识破这场诈捐活动的，正是一位经验老到的企业家。

随后，阿里地区纪委立即成立调查组展开调查。由此，次仁吉吉的违纪问题——浮出水面。

信奉潜规则而任由贪欲之门洞开

1988年，次仁吉吉大学毕业后回到家乡日土县参加工作，在组织培养和自身努力下，逐渐成长为一名分管扶贫工作的副县长。

面对来之不易的权力，次仁吉吉燃起的不是奋斗的激情，却是贪欲。

靠着自己的职务影响和人脉关系为他人办事，她成功将权力变现。只要有请托人找到她的，不论老板大小、不管实力如何，一律收钱办事，从小到几百元的红包，到大到几万元的现金"感谢费"，来者不拒、大小通吃。为了帮助利益关系人把项目拿到手，次仁吉吉还多次向有关部门负责人打招呼。

2011年4月，次仁吉吉收受个体商人华某某1万元红包，帮助华某某争取到改则县所有学校校服定制项目。"刚开始收的时候忐忑不安，后来发现时长日久也没有事发，慢慢就坦然接受了。"次仁吉吉自述。

从第一次收受红包的坦然，可以看到潜规则的意识已经在次仁吉吉心中根深蒂固。她在接受调查时说："我为人办事，收点'办事费'合情合理，而且此事你情我愿，以前的风气就是这样，做得隐蔽些不会被发现。"正是次仁吉吉这种错误思想，让她急速滑向腐化堕落的深渊。

2013年10月，次仁吉吉收受某节能科技有限公司阿里地区负责人吴某某贿赂3万元，帮助吴某某打招呼取得项目承建权。2015年3月，次仁吉吉提任阿里地区民政局局长离开改则县之前，她分管过的部分单位以欢送名义请次仁吉吉吃饭、喝酒并送礼金3.9万元。

此时的次仁吉吉，为了个人利益，已经放松了世界观、人生观、价值观的改造，放松了对自己的约束，渐渐地将一名党员干部的职责和使命置之不顾，所剩的只有"刹不住"的贪念。

把扶贫款变为小金库并纵容各乡镇"上行下效"

翻阅卷宗，可以看到，次仁吉吉也是贫困人家长大的孩子，她本应比别人更能体会贫困群众的疾苦。然而，在她有能力、有条件帮助他们的时候，次仁吉吉却忘了本，将"俯身甘为孺子牛"的使命忘得一干二净，成为了金钱的"俘虏"。贪婪的目光转向了贫困群众的"救命钱"。

2015年，次仁吉吉指使麻米乡洛某某套取次吾嘎姆村和定昌村困难群众生活补助资金7万元，将其中的3万元据为己有。在次仁吉吉看来，只截取3万元已经是"手下留情"。但对于改则县人均年纯收入不超过3000元的贫困家庭来说，3万元已经相当于一个人10年的收入。

2015年，次仁吉吉以慰问贫困群众的名义从改则县扶贫办支取现金10万元，自己留下8.8万元。

慰问，是一个充满温馨的词汇。但是，次仁吉吉在开展慰问活动时，把最大的"蛋糕"留给了自己，却还收取被慰问者最真诚的感激之情，标榜出自己关心群众疾苦的模样。

次仁吉吉被不断膨胀的欲望所吞噬，打起了扶贫专项资金的主意。她指使县扶贫办套取扶贫专项资金199万余元存入小金库，还允许各乡镇挪用扶贫专项资金，企图以"上行下效"来形成利益共同体，达到"安全"谋取私利的目的。

私设小金库后，次仁吉吉既当主管，又当"出纳"，既是管理者，又是"采购员"，公私不分。一张假发票，找个理由，自己签上字，就可以报销提现，任由自己挥霍，制度、禁令对她来说形同虚设，单位俨然成了她的"提款机"。

经查，2012—2015 年，次仁吉吉从小金库中挪用套取扶贫专项资金 26 万余元，挥霍扶贫专项资金 8 万余元。

胆大破铁纪，贪婪生祸端

——西藏自治区日土县原副县长田国庆违纪问题剖析

2016 年 3 月，西藏自治区日土县原副县长田国庆被"双开"，其涉嫌犯罪问题被移送司法机关依法处理。这则消息在日土县掀起了轩然大波！

经查，田国庆在担任阿里地区日土县副县长期间，指使下属以编造虚假合同的方式套取扶贫项目资金 233.17 万元，将其中 193 万元挪作他用；利用职务上的便利为他人谋取利益，收受财物 20.5 万元；违规插手工程项目，侵占资金 30 万元。

"田国庆贪污、受贿，到底为了什么啊？""以前挺好的一名干部，怎么就变成这样了？"

这还得从田国庆担任日土县副县长后说起。

任性用权：把手伸向扶贫专项资金

2010 年 6 月，田国庆被提拔到日土县担任副县长，分管扶贫工作。他所在的日土县平均海拔 4500 米以上，是半农半牧县，水源、草场和牲畜是农牧民群众生产生活的基本条件。作为分管扶贫工作的副县长，田国庆并没有把精力用到如何改善农牧民群众的生产生活条件上，而是利用手中的权力变着法截留农牧民群众的致富钱。

2012 年 6 月，日松乡德汝村蔬菜大棚项目出现资金缺口。为解决这个问题，田国庆指使县扶贫办主任拉某与施工方吴某某编制虚假合同，套取扶贫专项资金 86 万元，用于支付该项目工程款。

第一次套取扶贫资金没被发现，让原本内心还有一丝恐惧的田国庆彻底没有了担忧。紧接着，田国庆又在未经立项审批的情况下，私自安排实施甲岗村路灯项目。为了支付项目经费，他再次指使拉某编造虚假合同套取扶贫项目资金 26 万元。

"这些钱我没有装进自己的口袋，而是用于改善农牧民群众的生产生活条件，只是在方式方法上有些灵活'变通'。"对党纪党规的无知无畏，让田国庆在违纪的道路上越走越远。

2013 年，田国庆套取挪用扶贫项目资金 42 万元，用于购买公务车辆。2014 年，田国庆套取扶贫项目资金 25 万元，用于支付阿里地区扶贫办大院路面硬化工程款。

田国庆就这样踩着纪律的"红线"任性用权，这也为他日后滑向腐化堕落的深渊埋下了祸根。

因私废公：倒在亲情攻势下

田国庆担任副县长后，身边的亲友陆续找他帮忙。一天，妹妹田某某找到他，一把鼻涕一把泪地诉说家里如何困难。田国庆沉默了，他想，手上的工程项目给谁做不是做，钱给别人挣还不如给家里人挣，只要把项目做起来验收通过就可以了。

抱着这样的想法，田国庆千方百计为妹夫侯某某拿到了总投资 80 万元的蔬菜大棚工程土建项目。于是，侯某某带着一帮"半路出家"的民工如火如荼地干起了工程。

然而，承建项目要求承建方提供国家和相关单位认证的施工资质，侯某某并不具备。但在田国庆看来，只要他担任副县长一天，他就是国家认证的"资质"。

2013 年，日土县热帮乡龙卡门村要建设嘎不仁水渠，总投资 50 余万元。这正好是田国庆分管领域的扶贫项目，于是，一切顺理成章。妹夫侯某某不费吹灰之力拿到了工程项目，并将从项目中获得的部分利润送给了田国庆。

田国庆感觉这个妹夫还挺"懂事"，于是利用工作上的便利，把热角村转场路钢架桥建设项目也交给侯某某。在田国庆的大力"帮扶"下，妹妹田某某一家的生活有了很大的起色。看到自己能用手中的权力得到这么多的实惠，田国庆的贪欲之火越烧越旺。

贪得无厌：从来者不拒到伸手索要

日土县既是贫困县又是边境县，上级部门为了帮助日土县脱贫摘帽，投入了大量资金。2012 年 6 月，在得知日土县需购买大量拖拉机时，作为分管扶贫工作的副县长，田国庆认为自己发财的机会来了。

于是，田国庆代表日土县与山东五征集团销售负责人洽谈购买"五征 280"拖拉机事宜。经商谈，日土县购买拖拉机 30 台，田国庆收受回扣 4.2 万元。

当"收"成了习惯，"要"也就顺理成章、毫无顾忌了。2013 年 7 月，田国庆主动与五征集团销售代表徐某某联系，以收取 4.8 万元回扣为条件，再次采购数台"五征 280"拖拉机。为掩饰自己的主动索要，田国庆让与他有特定关系的张某某作为中间人，把回扣款打到张某某账上，再转交自己的爱人。

贪婪击退恐惧，诱惑侵蚀理性。2014 年 8 月，经田国庆多方运作，湖南某公司终于拿到了日土县热帮乡扎普村普亚噶金矿点的采矿权。作为感谢，该公司送给田国庆"辛苦费"10 万元。

在贪欲的驱使下，田国庆无视党规党纪，想尽办法将权力"变现"，耍尽花招掩盖自己的违纪事实。然而，他所谓的"生财有道"早已在他的前进道路上布下了致命的陷阱。

及至落马，田国庆才幡然悔悟，然而他已为自己的所作所为付出了惨重的代价。他在接受组织调查时说道："我今天这个结局，正是目无法纪、贪得无厌的结果。"

"免疫力"下降，明星村支书"病倒"

——陕西省长武县洪家镇西坡村党支部原书记、村委会原主任韩亚民严重违纪问题剖析

在陕西省长武县洪家镇西坡村，村民再也没见到过老支书韩亚民，据说他自己也不愿意再碰到熟人。

事情还得从 2015 年说起。

因贪占扶贫款，西坡村原党支部书记、村委会主任韩亚民被开除党籍并被法院判刑。此后，自觉无颜面对村民，他选择了搬离西坡村。

"我曾见过他一次，但他老远看到我后就躲着走了，也没说上话。"在西坡村采访时，一位村民向记者透露，"他还是觉得自己做的事儿太丢脸了吧。"

漠视纪律，弄虚作假套取扶贫款

韩亚民是西坡村妇孺皆知的能人，曾为村里的发展立下汗马功劳。

据西坡村村干部介绍，韩亚民确实给村里干了很多实事，他本人也很有魄力，家里的条件也不错，媳妇和女儿开办了幼儿园，吃穿不愁，甚至有村民叫他"土豪"。

然而，让人没有想到的是，在"能人"光环笼罩之下，韩亚民心态失衡了。他私下抱怨为村里做了很多大事、好事，不仅没有得到什么回报，还因为干事得罪了一些人，感觉落差很大。正当不知如何弥补自己的

辛劳时，扶贫政策落实到村里了。

2010 年，根据上级安排，西坡村向县扶贫办申请了"三告别"（告别土窑洞、告别独居户、告别危漏房）补助款，向县发改局申请了零散户移民搬迁补助款，而根据规定每个贫困户只能申领一项补助。在上报村民名单时，韩亚民动起了重复申报补助款的歪脑筋。

老实巴交的村民韩某某进入了他的视野。"韩某某经常外出打工，对村里的事情不太关心，对国家扶贫政策不太了解，用他的名义最合适。"彼时的韩亚民认为自己技高一筹，这么做肯定不会被发现。

当韩亚民拿着韩某某重复申报的材料去村会计处盖章时，善意的提醒也随之而来——"你不能这样做，这是违规的。"然而被利益冲昏头脑的韩亚民根本听不进忠告，仍一意孤行。"你不用管，我都安排好了。"语毕便强行在违规的材料上盖了村集体的公章。

韩某某告诉记者："当时韩亚民按照政策给我申请了县扶贫办的'三告别'补助后，在我不知道的情况下，又向县发改局申请了零散户移民搬迁补助。后来，县发改局的 1.5 万元补助款先发下来了，县扶贫办的 2 万元补助款比县发改局的 1.5 万元晚发了 3 个月。"

"县发改局的补助款你已经领了，县扶贫办的补助款你尽快取出来交给我，一个人不能同时享受两个补助。"在韩亚民的再三催要下，韩某某把已打到自己账户的 2 万元补助款取出来送到了韩亚民的家中。韩亚民从 2 万元中数出 2000 元给了韩某某，并嘱咐道："这个事你知道就行了，不要告诉别人。"

"免疫力"下降的韩亚民，已把纪律抛到九霄云外，他将剩下的 1.8 万元补助款据为己有，全部用于个人及家庭支出。

要想人不知，除非己莫为。心存侥幸的韩亚民还是"病倒"了。

东窗事发，跌入违纪违法深渊

韩亚民没有想到，他精心拨打的小算盘出差错了。

2015 年 8 月，西坡村部分群众到长武县委上访，拉开了查办韩亚民严重违纪问题的序幕。

县纪委接到县委领导的批示后，立即成立调查组，迅速进驻西坡村展开调查。

当得知自己的事情败露，韩亚民预感不妙，便企图通过串供来掩盖自己的问题。他召集了村"两委"会议，想用虚构村集体支出的方式应对组织审查。然而此时，再没有村干部愿意听命于他。

"谁粑下的谁擦（当地方言，指谁做的谁承担——编者注）。"村会计的话无疑给了他当头一棒。

在接受组织审查时，韩亚民自知难以掩盖违纪事实，不得不如实交代了自己的问题。最终，韩亚民喝下了自酿的苦酒。

经查，2011—2012 年，韩亚民利用职务便利，在协助政府部门发放扶贫款项时，采取重报手段，骗取国家扶贫资金 1.8 万元予以侵吞。韩亚民被开除党籍。2015 年 12 月，韩亚民被判处有期徒刑 6 个月，缓刑 1 年，并处罚金 1 万元。

"这次我真的错了，当时真应该听你的劝告。"法院的判决书下达后韩亚民面对村会计后悔不已。

对于韩亚民的违纪违法问题，调查组的一位同志感慨道："调查这起案件时，我们感到非常痛心。这样一个受上级和群众认可的基层干部，在缺乏有效监督的情况下，贪图小利，淡化了纪律和规矩意识，直至跌入违纪违法的深渊，伤害了基层群众的感情，也辜负了组织的信任。"

独断专行，大搞"一言堂"

韩亚民，一位曾身患癌症的老支书，自 2008 年上任以来，带领村民修柏油路、开荒山建核桃园、铺设自来水管道，改变了村里落后的面貌。在他的努力下，西坡村获得了全省生态示范村、省级文明村等荣誉，成了远近闻名的明星村。

一位村干部向记者介绍说，老支书身体不好，但他经常带着村干部打扫村里的卫生，很认真、很负责，担任村干部几十年来，在群众中的威望一直很高，2011 年，他被选为村党支部书记兼村委会主任。

一肩挑之后，韩亚民成了西坡村实实在在的"实权派"。与之伴随而来的还有他内心的变化，自此他开始自我膨胀，处处以"功臣"自居，说一不二。村里的大事小事他一个人说了算，不再和其他村干部商量，大搞"一言堂"。

"你们就是给我跑路（当地方言，跑腿——编者注）的。"这是韩亚民对村干部说得最多的一句话。

"他确实有能力，但后来变得越来越霸道，搞起'一言堂'那一套，不再听得进他人的意见。"村干部告诉记者，有一件事至今觉得遗憾："相关部门给村里装路灯前，曾向村里征求安装意见，韩亚民没跟村干部商量自己就定了，后来在村'两委'会上也只是告知大家一下而已。当时有人提出过反对意见，说路灯不能离村路太近，将来会影响路面拓宽。韩亚民只扔下一句话，'就按我说的办。'后来，再也没有村干部敢给他提意见了。"

在分析韩亚民如何走上违纪道路时，执纪者坦言，放松了学习，心态失衡，又长期一个人说了算，必然导致私欲膨胀，出事是迟早的事儿。

钱少也"笑纳"，不给伸手要

——陕西乾县注泔镇党委原副书记杨凯利用职务便利索取、收受群众好处费问题剖析

"我这几天寝食不安，夜不能寐，经常在半夜惊醒。当纪委的领导和同志宣布对我的处分时，如晴天霹雳一般。作为一名被党组织培养二十几年的党员干部，我有愧于党，有愧于家人。"陕西省乾县注泔镇党委原副书记杨凯如是说。

杨凯，1976年出生于乾县城关镇，15岁参加工作，18岁开始在某部队服役，31岁任乾县阳洪镇武装部长，35岁任乾县注泔镇副镇长，39岁就担任了乾县注泔镇党委副书记（正科级），仕途一帆风顺。正是在这人生的黄金时期，他却借助负责实施危房改造项目之便，先后索取、收受群众好处费共计3.05万元，被县纪委给予留党察看2年处分，并被法院判处免予刑事处罚。

防线失守开贪门

自参加工作以来，杨凯认真负责、忠于职守，不断加强学习、提高自身素养，深受领导器重、同志支持。2011年2月，他任注泔镇副镇长，随着职务的提升，日常应酬的增多，从酒桌上的觥筹交错到娱乐场所的灯红酒绿，从收受烟酒礼品到索要红包礼金，杨凯的心理防线逐渐崩塌，贪欲之门一步步打开。据群众反映，杨凯当了副镇长以后，为人高调，喜欢

应酬，爱占小便宜，经常喜欢与社会上所谓的"成功人士"打交道。

单位同志说："杨凯平时我行我素，不能虚心接受同志意见，与同事很少交流，下班后开着车一溜烟就不见人影了。"

2013年，杨凯分管全镇危房改造工作，该镇孔头村申报了4户危房改造户，2014年9月，验收通过后，杨凯在和该村村委会主任杜生龙闲聊中说："我帮你们村这几户群众把事办成了，你应该好好请我一顿。"杜生龙当场就说没问题，几天后拿了4000元现金放在杨凯的办公桌上。看着厚厚的一摞钞票，杨凯的内心充满矛盾：收还是不收？收了，就会违反纪律，不收，似乎有点不甘心。最终，抱着侥幸心理，杨凯把钱装进了自己的腰包。

变本加厉不收手

贪欲之门一旦打开，欲望的洪流便一发不可收拾。在收取第一笔好处费的时候，杨凯的思想也曾斗争过，也曾担心被人举报，但事情过去好长时间也无人问起。慢慢地他的胆子越来越大，在他眼里，党纪国法形同虚设，利用职务之便收受一点好处费是正常的。尝到甜头的杨凯，把党纪国法全然抛在脑后，越发肆无忌惮。2015年1月，杨凯开始担任注泔镇党委副书记。在这期间，该镇羊牧村共上报危房改造户5户，危窑改造户1户。验收通过后，杨凯再次如法炮制，收受该村村委会主任郑某送来的6户群众好处费2.15万元；收受该镇北羊牧村党支部书记翁某送来的1户危改户好处费1500元。2015年11月，在注泔镇健全村危房改造中，杨凯直接向罗丰、罗文盛、吴惠霞3户群众索要好处费共3500元。案发前，杨凯累计收受、索要钱款共计3.05万元。一次次地铤而走险，使他的贪欲更加膨胀，他沉浸在拿钱的喜悦之中……

参与调查的纪检干部感触颇深：杨凯滥用权力，无视纪律，大搞权钱交易，利用职务之便为个人谋取私利，特别是在党的十八大以后，依然不收敛不收手、顶风违纪、心存侥幸，以为自己做得"天衣无缝"，反腐不会也不可能反到自己头上,然而他忽视了一点:要想人不知,除非己莫为。像杨凯这样,滥用手中权力胡作非为、借机敛财,更是极大地损害了群众的利益,辜负了群众的信任,他也必定会遭到群众的唾弃。

群众举报美梦碎

2016 年 4 月 11 日,乾县纪委接到群众举报,反映注泔镇党委副书记杨凯在危房改造过程中吃拿卡要,要求乾县纪委调查处理。县纪委调查组找杨凯谈话,他不仅不把组织调查当回事,还故意拖延、消极对抗,对调查组同志的问话,不是撒谎,就是沉默,表现出不配合的态度。面对心存侥幸的杨凯,乾县纪委主要领导果断调整对该案的纪律审查方案。考虑到该案涉及人员众多、涉案金额较大、举报线索比较明晰,在做好严格保密工作的同时,扎实进行初核,及早固定证据,加大对问题线索的外围突破力度,加强对杨凯的政策"攻心"。从 4 月 15 日开始,县纪委主要领导亲自督办,对杨凯进行了 3 轮谈话取证。同时,先后抽调纪检监察干部 30 多人次,实地走访孔头村、羊牧村、健全村等涉案村组群众 130 人次,调查取证 26 人,调阅了咸阳市、乾县农村危房改造相关政策规定和文件资料,取得了确凿证据。面对铁的证据,杨凯承认了自己所犯的错误,并写下了忏悔书。

乾县纪委常委会研究讨论后认为,杨凯作为党员、国家公职人员,在落实国家扶贫政策过程中,索取、收受危房改造户好处费,已违反国家法律法规。2016 年 6 月 15 日,经乾县纪委常委会研究,并报县委常委会同意,给予杨凯留党察看 2 年处分。2017 年 4 月 14 日,杨凯被法院判处免予刑事处罚。

扶贫款"易容"成村集体资金

——陕西省宝鸡市陈仓区新街镇东沟门村3名干部集体违纪剖析

"虽心有惋惜，但不可姑息啊！"陕西省宝鸡市陈仓区新街镇纪委书记的感慨源于该镇东沟门村3名村干部违纪被查处。

2016年2月，新街镇纪委收到陈仓区纪委下转的一封举报信。随后东沟门村党总支书记张金仓、村委会主任刘拴皂、会计袁金广3人的违纪行为暴露在聚光灯下。

经查，张金仓、刘拴皂、袁金广3人违规收取33户移民搬迁户"资料整理费""照片打印费"等共计1.33万元；虚报滩涂治理土地面积235亩，套取粮食直补资金8万余元；将移民搬迁房屋违规出售获利2.17万元，以上共计11万余元违纪资金用于村务支出。刘拴皂受到党内严重警告处分，张金仓、袁金广分别受到党内警告处分；违纪资金被追缴。

巧立名目违规收费

过去，东沟门村除一、二、三组群众居住在公路边外，其他六个组的群众居住在三面山坡上，居住分散、交通不便，群众生产生活极其困难。

为响应宝鸡市突破西山战略，2009年，经村"两委"会研究，决定向宝鸡市西山建委申请40户村民的移民搬迁资金补助。

但问题也随之而来。

村里没有集体资金来源，办公经费紧张，在争取项目及项目实施过程中，交通费、资料费等各项费用较多，村上无法解决。

"给谁办事谁交点钱也是应该的，更何况我们又没有装进自己的腰包。"在村"两委"会上，刘拴皂建议向村民收取费用用于办事，其他村干部也表示同意。

2010年3月，补助资金到位后，村"两委"会以"资料整理费""照片打印费"等为名，向25户搬迁户每户收取了500元的费用，向8户搬迁户每户收取了100元的费用，共收取1.33万元用于村上日常开支。

"你们开会时，就没有人提出反对意见吗？"记者向村里一名女干部发问，她的回答让记者大吃一惊："我们的村党总支书记和村委会主任很有能力，村里的大事小事他们都能处理得很好，所以他们决定的事情我们都认为是对的，况且这是经过集体讨论的，还有会议记录呢，谁也不会想到违纪呀。"

执纪人员感叹，村"两委"干部心中纪律意识淡漠，办事习惯依靠老经验、老做法，组织没有发现，群众没有举报就认为做得对，这为他们后来的接连违纪埋下了祸根。

漠视纪律一错再错

村"两委"干部第一次违规收费后，没有听到不同声音，又解决了村集体日常经费不足的问题，这让他们的胆子越来越大。随后，他们又把目光放到了本村整理后的滩涂地和国家政策资金上。

"235亩地就这么白白闲置可不行，怎么能给村集体带来更大的收益呢？"张金仓一直思考着这个问题，直到有一天他想到了国家粮食直补政策。

2011年的一天，张金仓、刘拴皂、袁金广组织召开村"两委"会议，研究决定将2009年整理、已于2010年承包出去用作培育树苗的235亩滩涂地，以在刘拴皂的粮补面积上增加120亩、在袁金广的粮补面积上增加

115 亩的手段套取粮食直补资金。从 2011 年至 2015 年，共套取粮食直补资金 8 万余元，全部用于村上日常开支。

不仅如此，他们还盯上了移民搬迁房屋。

2010 年，宝鸡市西山建委同意了该村申请的 40 户村民移民搬迁。房屋统一建成后，由于 1 户村民不愿意搬迁，村"两委"为了及时兑付房屋建设工程款，通过召开移民搬迁户代表、群众代表及党员代表会议，研究决定将这户村民的搬迁房以 12 万元的价格出售给外地人，并收取买房人其他费用 0.67 万元，共计 12.67 万元，村上支付建房款 9.56 万元和其他费用 9400 元，共计 10.5 万元，剩余 2.17 万元放到村委会账上。

给村里"赚钱"的机会他们都没有放过，如此一再违纪，让人瞠目结舌。如果没有被组织发现，及时拉一把，那他们将会在违纪的路上越走越远。为村民谋福利，是他们的本职工作，但这不能成为欺上瞒下套取资金，在落实国家惠农政策中搞变通的借口和理由。纪律是硬约束，是刚性的，一旦违反必将受到严肃处理。

面对审查后悔不迭

张金仓、刘拴皂、袁金广有着近 30 年党龄，担任村干部最长的达 38 年、最短的也有 12 年。在任职期间，工作成绩突出，村集体曾先后获得全国科普惠农兴村先进单位等国家及省市区多项荣誉，村干部个人也先后获得过多项荣誉，在村民中有很高的威望。

但由于长期躺在功劳簿上，他们 3 人思维逐渐固化，纪律之弦慢慢放松，甚至产生了一种错误思想，认为集体研究的事情都是正确的，都是对的，以致当他们的行为触碰了纪律红线时全然不知。

2016 年 2 月，新街镇纪委收到陈仓区纪委下转的信访件后，及时上报镇党委。镇党委第一时间召开会议，组织人员对信访件所反映的问题进行了初核调查，确认群众反映的问题部分属实。

随后执纪人员分别找到张金仓、刘拴皂、袁金广谈话。

　　起初他们 3 人还没有意识到自己的行为违规违纪，甚至还为他们的成绩沾沾自喜。

　　"我们都是为了村集体的利益，自己没贪没占，也没有装进自己腰包，咋会违纪？"执纪人员回忆起当时的场景仍历历在目，"他们 3 个人的回答如出一辙。"

　　执纪人员耐心对他们讲政策、讲纪律，此时，他们才意识到自己的行为触犯了党纪，但后悔已晚。

　　执纪人员坦言，纪律意识淡漠，红线意识不强，在工作中，对党的群众纪律和工作纪律掌握不清、理解不透，村级议事规则不够规范，致使村级"小微权力"失去监督，让他们一错再错。

　　"由于自己文化程度低，平时又忙于工作，对国家的政策法规和党的纪律学习不够，理解不深，给村集体抹黑了。"接到处分决定书时张金仓后悔不迭。

扶贫哪能"撒芝麻盐"

——陕西省太白县桃川镇白杨塬村村组干部违纪问题剖析

"扶贫款不是红包，决不能见者有份！"陕西省太白县桃川镇纪委书记胡东亮谈到该镇白杨塬村2名村组干部违纪问题时严肃地说。

2016年2月17日，桃川镇纪委收到太白县纪委下转的一封举报信，将白杨塬村党支部书记陈吉焕、六组组长赵雄的违纪行为暴露在阳光下。

经查，白杨塬村六组违规给六组60户群众平均分配本应发放给贫困户的生产发展项目补助资金6.28万元。陈吉焕受到党内警告处分，赵雄经研究虽不予处分，但对其进行警示训诫（责令纠错）。

不顾规定违规分配

2014年，太白县扶贫办向桃川镇白杨塬、杨下、枣园等村下拨生产发展项目补助资金140余万元，其中白杨塬村分到补助资金24万元，该村召开村"两委"会议集体研究决定，将这笔款项按各组贫困人口数量分配到组，再由各组根据本组贫困户实际情况分配到户。

六组组长赵雄就此掌握了6.28万元扶贫资金的发放大权。究竟应该怎么分才能体现公平公正公开的原则呢？赵雄思前想后，决定召集六组60户群众集体讨论决定。

2014年11月22日，村民小组会议在赵雄家里召开，六组各家都派来了家里说了算的人，对于这笔资金的最终归属，大家争执不下，最终由集体决定按户数平均分配。

"你们开会时，就没有觉得这样做违反扶贫政策规定吗？"调查人员到六组了解情况时问群众。群众的回答引人深思："这是大家开会商量决定的，再说组长也没反对，他自己都拿了1000元呢，要是违反规定他能干吗？"

调查人员感叹，组长是扶贫政策落实"最后一公里"的执行者，但个别组长纪律规矩意识淡薄，在人情面前没有原则，面对集体错误不敢纠正，缺乏担当，损害了贫困户利益。

发现问题拒不纠正

2015年12月，陈吉焕就任白杨塬村党支部书记，刚一上任，就听到了村里群众的议论声："你看看人家六组赵雄多会来事儿，一碗水端平，家家户户都分到了钱。"

陈吉焕听了心里咯噔一下，这样是违反规定的，自己到底要不要管一管呢？正当他犹豫不决的时候，村里有人对他说："你真是个榆木疙瘩脑袋，这是上一任村支书在任时出的事情，人家六组也是集体决定的，你这不是多管闲事吗？"

陈吉焕抱着多一事不如少一事的心态，置六组违规问题于不顾，2016年3月眼看着六组把扶贫资金按户送到了60户群众手中，始终不发一言，默许了这一错误结果。后来，六组贫困户来向陈吉焕反映情况，他打着哈哈把群众哄回家就甩手不管了。

面对审查后悔不迭

陈吉焕是一个有20年党龄的老党员，担任村干部19年，赵雄虽然是群众，也已经担任六组组长9年。他们多年的兢兢业业在白杨塬村获得了良好的口碑。但为了维护在群众中的良好形象，他们拿着扶贫资金当老好人，认为既然集体研究了自己就不用负责任，撒了一把"芝麻盐"。贫困户虽然是少数，但不能为了让多数群众支持自己，就不把贫困户的困难放在心上，不把党纪政纪当回事儿。

2016 年 2 月，桃川镇纪委收到太白县纪委下转的信访件后，及时上报镇党委。镇党委第一时间召开会议，组织人员对信访件所反映的问题进行了初核，确认群众反映的问题属实。

随后执纪人员分别找陈吉焕、赵雄谈话。

起初他们两人都不认为自己的行为违规违纪，一副委屈至极的样子。

"这是组里群众开会决定的，大家都同意了，我也是尊重群众意见，咋能算违规呢？"赵雄振振有词。

"我上任时，钱都拨到各组账上了，又不是我的问题。再说，群众也不能得罪啊！如果把他们得罪了，以后村里的工作还咋开展？"陈吉焕说。

执纪人员对照扶贫政策，一条条掰开了揉碎了给他们讲清楚，他们才意识到自己的行为违反了党纪。

"由于村里工作难度大，自己平日又疏于学习，不能准确掌握党纪和国家的政策法规，加之工作能力一直原地踏步，最终才会踩了党纪红线。"收到处分决定书时陈吉焕后悔不迭。

"虽然组织只是对我警示训诫，但我给六组抹了黑，让组员在村里落下了占贫困户便宜的坏名声，当初我真的不该违规分配这笔钱。"赵雄也是悔不当初。

贪图蝇头利，悔在查处后

——湖北省丹江口市石鼓镇正科级干部李祥国违纪问题剖析

"眼看就要退休，却因贪图 4000 元的蝇头小利，留下了一辈子都抹不掉的污点，回想当时，真是财迷心窍……"

收到处分决定书时，年近花甲的湖北省丹江口市石鼓镇正科级干部李祥国泪眼婆娑。

原来，李祥国违反廉洁纪律，利用职务之便，在其子申领农村危房改造补助一事上，向相关经办人员说情打招呼，其子违规领取补助资金4000 元。该市纪委给予李祥国党内严重警告处分。

盯上惠民项目捞"福利"

2014 年，中央出了好政策，消息传至丹江口市——农村危房改造民生工程启动了！

随着危房改造的渐次铺开，一户户老百姓住进了宽敞明亮的新房，一个个笑得合不拢嘴。

看到乡里乡亲住进了新房，想想自己住了几十年的老房子和一个月那两三千块钱的死工资，李祥国心里五味杂陈。

回到家，李祥国和儿子谈论起了这个话题，流露出羡慕和失落的情绪。

"现在老百姓真享福，危房改造后都住得好，再看看你爹我，马上就要退休了，工资一点点，住的还是老房子，唉……"李祥国对儿子说。

"可不是，你大小是个干部，辛苦工作了一辈子……"李祥国的儿子说，"我们可以在这个补助上想点招，套个4000多元钱，也顶一个多月工资咧，还能补贴家用！"

"我是国家工作人员，还是党员，搞不得……"李祥国摇摇头。

"你快要退休了，有权不用，过期作废！"李祥国的儿子怂恿道。

"关键是准入条件不够，申请危房改造补助，必须是分散供养的五保户、低保户和农村的贫困户，我不符合标准，也没合适的房子……"听了儿子的话，李祥国心里开始动摇了。

"我们黄川村的老房子不是还在吗？再加上我的户口还在黄川村，以我的名义申报，你再给具体办事的干部打个招呼，那是水到渠成的事。"李祥国儿子说。

"这个办法不错，就这样搞！"儿子一番话，让李祥国下定决心在危房改造补助上捞一把。

"刷脸"层层通过审核关

"我家的老房子想搞改造，你帮忙报个材料，儿子的户口在村里，用他的名义，转一下，你看行不？"

拿定主意后，李祥国给时任黄川村负责危房改造统计的村文书刘道胜拨通了电话。

"没问题，你的事儿，我一定尽力办好。"刘道胜说。

"考虑到李祥国是分管水利的镇干部，我们村也想报几个水利项目，还有求于他。再说，我不干，别人也会干，所以，当时我没有坚持原则。"刘道胜对执纪人员交代。

根据湖北省危房改造政策，村级组织上报材料只是第一步，还要经所在乡镇的具体经办部门审批。

于是，李祥国找到石鼓镇负责危房改造的镇经济发展办公室主任王福均："我儿子是贫困户，村里已经同意上报危房改造补助，你帮忙运作一下。"

"既然是老领导开了口，我来想办法。"王福均说。

"李祥国是当地人，又是镇上的领导，我怕拒绝了他，会在其他工作上'卡壳'，所以就给他办了。"王福均说。

2015 年 6 月的一天，4000 元危房改造补助金进入李祥国儿子的账户。

就这样，原本不合规定的老房子，在李祥国的层层"刷脸"下，顺利得到了补助。

当老好人，给李祥国开"绿灯"的王福均和刘道胜最终受到诚勉谈话处理。

大数据核查"露马脚"

2016 年 4 月，湖北省运用大数据检查惠民政策落实工作全面铺开，丹江口市迅速行动，滥竽充数享受惠民政策的典型案例相继公开曝光。

李祥国的儿子担心出事，对李祥国说："市里头在搞'大数据'核查，不少违规领取惠民资金的案子都被通报了，我们那 4000 元补助款会不会被查出来？"

李祥国对他儿子说："哪有这么巧的事儿，我们自己不说谁知道。"

但在大数据比对技术面前，李祥国的如意算盘彻底破碎。

2016 年 6 月的一天，在大数据核查工作办公室。

打电话、进行数据比对、填写报表……工作人员正在忙碌而有序地开展各项工作。

"你看，这个数据有异常"，眼疾手快的计算机操作人员向负责人说道。

"仔细查查看……""确实有问题，这个人不符合条件，他父亲是国家工作人员。"几分钟后工作人员报告。

发现李祥国违规享受危房改造补助的问题线索后，丹江口市纪委立即启动初核程序，经调取相关材料，这起违纪案件浮出了水面。

　　"我违犯党纪，是我对党纪不知敬畏、心存侥幸的结果……"面对处分决定书，李祥国流下了悔恨的眼泪。

自导丑剧，自食苦果

——江西省上饶市广丰区大南镇民政所原副所长兼荄塘村第一党支部原书记朱新荣腐败问题剖析

江西省上饶市广丰区大南镇民政所原副所长兼荄塘村第一党支部原书记朱新荣，28 岁不到就担任了村支书，带领全村人将远近闻名的穷村发展成为镇里的经济强村。然而，在后来的几年时间里他却迷失自我，将国家下放的专项款当成是"唐僧肉"，利用职务便利，大肆侵吞挪用，最终走上违纪违法道路。

"手莫伸，伸手必被捉。"如今，自导丑剧的朱新荣已尝到了无视党纪国法的苦果。经广丰区纪委常委会议研究决定，给予朱新荣开除党籍处分；经区监察局办公会议研究，并报区政府常务会议批准，给予朱新荣开除公职处分。2016 年 7 月 28 日，朱新荣因犯挪用特定款物罪，被判处有期徒刑 10 个月，缓期 1 年执行。

发移民财，用虚假手段套取水库移民资金

刚当上村支书的时候，朱新荣激情满怀，一心只想着为村里办实事、办好事。他下决心要改变这个村贫穷落后的面貌，从招商引资、发展特色林果业、多方筹资加强基础设施建设三个方面入手，努力打开工作局面。在他和村"两委"一班人的努力下，仅仅用了几年时间，荄塘村的经济发展取得了长足的进步，摘掉了穷村的帽子，成为镇里的经济强村。

　　"在成绩面前，朱新荣开始放松了对自己的要求，逐渐追求物质享受。他盯住移民资金这块'蛋糕'，看中了'移民财'。"区纪委审查人员说，2007—2011 年，朱新荣在担任茭塘村党支部书记兼村委会主任期间，他明知大南镇茭塘村里公坞组实际没有大中型水库移民，却编造虚假项目资料，套取民政局移民办下拨的水库移民后期扶持项目资金 24.6 万元。

　　据审查人员介绍，该笔资金下拨后，朱新荣并没有利用该笔资金实施项目确定表确定的项目，而是领出后由其个人保管用于支付村里来客招待、购买土特产送礼等费用。

　　这次的侥幸成功，让朱新荣的胆子越来越大。

打小算盘，套取资金用于自家经营项目

　　从 2009 年起，广丰区开始推广种植马家柚。为鼓励农民种植马家柚，大南镇推出了一系列的奖励政策：对连片种植 5 亩以上的农户，无偿提供苗木；对单产种植 3 亩以上的农户，免费提供种植技术指导，优惠供应肥料、农药；对收购量达 1 万斤以上种植户奖励 3000 元，3 万斤以上奖励 5000 元。

　　正是有了这种好政策，朱新荣开始种植马家柚。2010 年下半年，他同黄某某、方某某、毛某某、郑某某等村干部投资成立农民专业经济合作社，后转让给朱新荣一人经营。

　　由于种植马家柚的规模扩大，需资金周转，靠自己筹集到的资金仍不够用，利欲熏心的朱新荣又打起了移民资金的歪主意。在被审查时，朱新荣的话让审查人员大跌眼镜，"我曾想用公家的钱，做政府号召做的事，即使被发现了，也没啥大不了的事"。

　　然而，正是在这种错误思想和侥幸心理的驱使下，朱新荣一次次以身试法，在违纪违法的道路上越滑越远。2012 年至 2014 年间，他利用已具有的、被违规确认的大中型水库移民扶持点的资格，伪造村委会及移民代表会议记录，以村委会的名义陆续向县扶贫移民办申报了大中型水库

移民扶持发展基金 20 万元，其中 15 万元用于基地修路，5 万元用于基地育苗。

善钻漏洞，致使个人贪欲多次得逞

为何朱新荣的贪欲能多次得逞？据朱新荣本人交代，他恰恰是利用了制度和管理上的漏洞。上报的所有资料都是朱新荣让一名村委会副主任伪造，由朱新荣与镇里联系好，到镇里盖章办好。有些材料需要项目管理小组成员签名，但该村没有成立项目管理小组，于是就编造了几名管理小组成员，然后由朱新荣与该名副主任代签。

"按照有关规定，移民办在项目工程开工的时候要下去检查，然而实际上移民办和镇里的工作人员并未下去检查，制度规定形同虚设。"区纪委相关负责人说，朱新荣还利用了资金管理的漏洞，以此获得利益。

据了解，按照规定，荬塘村设立的移民项目资金专户，要由朱新荣和镇民政助理员同时预留印鉴，如取款需要凭项目申请取款单由朱新荣和该民政助理员两人的印鉴才可以。"实际上，该民政助理员刚开始是和朱新荣一起到银行取过钱的，但后来该助理员图方便，就把印鉴交给了朱新荣，由他一人去银行取款。至于取款时提供给银行的项目申请取款单里面的工程项目内容是否真实，该助理员从来没有过问过。"区纪委审查人员介绍。

"本以为这招可以瞒天过海，没想到还是被发现了，现在真是悔不当初……"面对处理决定，朱新荣后悔不迭。

贫困村里挖出"大蛀虫"

——江西省金溪县琅琚镇安吉村党支部原书记彭荣辉违纪问题剖析

2016 年初，江西省金溪县琅琚镇安吉村党支部书记彭荣辉被县纪委调查的消息不胫而走，一时间，安吉村村民们拍手称快。

2016 年 4 月 15 日，彭荣辉因违反政治纪律、廉洁纪律和组织纪律，被给予开除党籍处分。

贪得无厌难自拔

高中毕业后，彭荣辉选择了回家务农。凭着勤劳肯干，2001 年 12 月，31 岁的他当上了安吉村党支部书记。

安吉村是贫困村。刚任村党支部书记时，彭荣辉工作积极、干劲十足、任劳任怨。他带领村民修路、架桥，村里一派红红火火的建设场面，村民们的日子也稍有好转。2008 年 12 月，他再次连任安吉村党支部书记。

2009 年，上级对廖坊灌区沿河渠道 4 米内房屋进行整治拆迁，安吉村村民熊带女的房屋在拆迁范围内，琅琚镇政府将依规算出的熊带女房屋拆迁补偿款 1.7889 万元打入村委会账户，并要求村委会干部在拆迁户完成房屋拆迁工作后才能将补偿款发放给拆迁户。熊带女得知此事后，谎称家中急需用钱，多次要求彭荣辉将拆迁补偿款提前取出给她。开始几次，彭荣辉坚持原则，没有同意。

2009 年 5 月的一天晚上，熊带女来到彭荣辉家，悄悄地塞给了他 300 元好处费。在送上门的"好处"面前，这个之前"讲原则"的村党支部书记随即就没了原则。最终，在熊带女未完成房屋拆迁的情况下，彭荣辉分两次为熊带女取出了拆迁补偿款。

此后，贪欲之门缓缓打开。

2012 年 7 月，彭荣辉为本村孤寡老人、五保户程七女报销医疗费时，私自扣下了 380 元；2013 年 12 月，彭荣辉为本村低保户刘贵花领取低保补助款时，私自扣留了 200 元；2014 年底，彭荣辉又将该村低保户王秋云的 300 元低保补助款私自留下用于个人开支……

执纪人员表示，起初，彭荣辉对扣留老百姓的钱还有所顾虑，后来就肆无忌惮，发展到近乎疯狂的地步，小到几百，大到几千，他都敢拿，乐此不疲。

独断专行"一言堂"

尽管村党支部书记官不大，但彭荣辉却把权力发挥到了极致，该村大小事务由其一人说了算，大搞"一言堂"。

由于怕被年轻人"夺权篡位"，彭荣辉任村党支部书记十多年来，该村培养和发展的党员全是他的亲朋好友。甚至有的年轻村干部要求入党，他也以各种理由加以阻拦。

2012 年以后，彭荣辉干脆不再培养和发展党员了。

"村里的事如今就是他自家的事，他高高在上，什么事都是他一个人做主。"村里一位老党员无奈地说。

自从彭荣辉任村党支部书记以来，安吉村委会的财务管理也一直很混乱，彭荣辉长期将财务审核工作和会计报账工作独揽手中，随意支配村集体财务，甚至有时他自己的私人开支也在该村财务上报销。

2014 年村"两委"换届选举时，为能在选举中继续连任村党支部书记，彭荣辉大搞拉票贿选，先后向本村党员吴金生、郑华珍、彭飞云等多人拉票，并支付他们好处费共计 2000 元。2014 年 12 月，彭荣辉再次成功连任安吉村党支部书记，随后，他就将拉票贿选所花的钱以"务工补贴"的名义在村财务中报销了 1980 元。

欺上瞒下搞对抗

彭荣辉能说会道，善于交际，和镇干部的关系处理得很好，他时常在村民面前吹嘘："镇里的干部和我都是'兄弟'。"

在某些人看来，彭荣辉的"口碑"似乎相当不错。"只要给点好处，他还是非常'乐于助人'的。"一些得过彭荣辉"帮助"的人如此评价他。

正是凭着这种"协调"能力，彭荣辉在镇村干部之间如鱼得水。即便是在被县纪委立案调查期间，他还天真地以为"上面的人"会罩着他，"下面的人"会护着他。

2016 年 4 月，在专案组调查期间，彭荣辉四处托人说情，同时指使本村数名村民作虚假证词，搞攻守同盟，自认为能蒙混过关、安全着陆。

但这回他的如意算盘打错了，随着办案人员的缜密调查，他的违纪事实逐渐浮出水面。经查，彭荣辉在担任琅琚镇安吉村党支部书记期间，违反政治纪律，对抗组织调查；违反组织纪律，在村"两委"换届期间进行贿选，违规发展党员；违反廉洁纪律，利用职务便利侵占公私财物 1.5908 万元。

"本以为帮村里困难群众办点小事，拿点好处费不是什么大事。现在想来，这种钻空子、贪便宜的行为，既侵害了群众的利益，又欺骗了党组织，最后还害了自己。"被开除党籍后，彭荣辉的忏悔姗姗来迟。

村官骗保，纪律不容

——江西省南昌县冈上镇万舍村党支部原委员、村委会原委员万火国违纪问题剖析

"失地农民养老保险，他想给谁就给谁，不仅自己享受了，而且让他父亲、哥哥和嫂嫂都享受到了，我们万舍村村民对他意见很大。"群众在江西省南昌电视台曝光的"村干部万火国违规为亲戚套取保险"一事引起了南昌县纪委的注意。

"一颗老鼠屎坏了一锅汤，一个村干部坏了党和政府在老百姓中的口碑，此事必须立即展开调查。"县纪委态度坚决。

一番深入调查之后，万火国骗取失地农民养老保险的违纪行为逐渐浮出"水面"。2012 年 5 月，南昌县启动被征地农民养老保险试行工作，明确规定"被征地后人均耕地低于 0.3 亩"才具备参加失地农民养老保险资格。而万舍村人均耕地约 0.71 亩，全村村民都不具备参保资格。

"我负责失地保险的申报工作，知道这项政策政府会有补贴，就动了歪脑筋，寻思着怎么为家里人办理这个保险。"时任万舍村党支部委员、村委会委员的万火国在明知骗保是违规的情况下，仍与万舍村第十三组会计万细堂、第十四组组长万小勇、村民万建清 4 人"精心谋划"，通过虚构事实、伪造万舍村《被征地农民土地款发放情况表》、记账凭证、领款票据等参保资格认定材料，经万舍村、冈上镇政府等相关部门审核后，报县人社局批准，为自己或亲属共 5 户 12 人办理了失地农民养老保险。自 2014 年 4 月起，其中 9 人先后领取养老保险金共计 34.7 万余元。

万火国自以为做得天衣无缝，暗自为自己的生财之道而得意，殊不知纪律之网已经在他身边悄悄张开。

2015 年 11 月，经冈上镇党委研究，决定免去万火国万舍村党支部委员职务，并责令其辞去万舍村村委会委员职务；对上述人员违规领取的 34.7 万余元养老金予以追缴，上缴县社保局。2016 年 8 月，经南昌县纪委常委会研究，决定给予万火国开除党籍处分，同时，鉴于县社保局、冈上镇在失地农民养老保险审批过程中未认真履行工作职责，对原社保科科长曾峰、冈上镇财政所经办人向筱彬两人进行了诫勉谈话。

打"修桥"主意，套取资金搞接待

——江西省金溪县何源镇楼前村党支部
原书记江作礼腐败问题剖析

"江作礼在村里当了十多年村党支部书记，虽然做了些事，但胆子也越来越大，越来越无法无天。有些事情，村民们敢怒不敢言，幸亏你们及时查处，不然我们村不知还要受多少损失！"近日，当江西省金溪县纪委纪律审查人员走进该县何源镇楼前村时，村里的群众感慨道。

2017年2月，金溪县纪委通报了两起侵害群众利益的不正之风和腐败问题典型案例，其中何源镇楼前村党支部原书记江作礼，因对该村挥霍浪费公共财产19万余元（其中16.76万余元为扶贫项目资金）等问题负有主要责任，受到撤销党内职务处分。

为搞接待，让修好的桥"再修"一次

楼前村位于金溪县何源镇东南部，全村1200余人，少田多山，超过半数村民靠外出务工为生，"十二五"期间该村被列为国家贫困村。

江作礼从1996年起开始担任村里的税务代收员，2005年被选为村党支部书记，这一当就是十多年。因为他头脑灵活，做事大胆，确实也为村里做了一些实事。但随着担任村支书的时间越来越长，他的脾气也见长，变得越来越霸道，在村级事务上逐渐形成了"一言堂"的作风。

"现在来的检查组不少，来了咱总得接待、拉拉关系啥的。可是村财力有限，要想点办法'创收'才行!"2015年8月的一天，江作礼将村会计、村妇女主任叫到村委会，商讨如何增加村级财力。

"咱们村是贫困村，也没什么收入……"两人答道。

"我倒是想到一个办法! 2013年，月山桥搞了维修加固和桥下水坝两个项目，这都过去两年了，我们可以把这两个项目包装成扶贫项目再报一次嘛。"见两人支支吾吾，说不出个所以然，江作礼道出了他的"创收妙计"。

几天后，在江作礼授意下，村会计起草了两份虚假施工合同，村妇女主任在其指示下作为施工方在合同上签了字。最终，江作礼以申报虚假扶贫项目的形式争取到了上级4万元扶贫项目资金。

这笔"创收"的扶贫项目资金，除去开具税票花费3000元，其余3.7万元全部被用于村委会招待费开支。

扶贫项目不招标，成功截留13万

"平时大家关系不错，也不好拒绝，再说给熟人做，以后在结账的时候也好说话!"尝到"创收"甜头后，2015年底，江作礼在未经过招投标的情况下，擅自将村里新建两座小桥的项目给了朋友方某。

在工程快竣工时，江作礼故伎重施，与方某以伪造虚假材料的形式，通过了上级部门的验收，顺利拿到了两个扶贫项目共计20万元的扶贫资金。在扣除13.19万余元相关工程款项后，剩余的6.8万余元也全部被用于村委会招待费开支。

以同样的方式，江作礼还截留了该村楼前畈水泥路扶贫项目结余资金6.26万元，该笔资金也全部被用作村委会招待费开支。

"很多村干部在村级工程项目中不进行公开招投标，而是编造虚假材料应付上级验收。这么做，一是能将工程项目给熟悉的老板朋友，达到优亲厚友利益输送的目的;另外也给后期截留工程款预留操作空间。江作礼案就是因为和施工方关系好，才能截留下部分扶贫项目资金。"在案情分析会上，金溪县纪委纪律审查人员道破了江作礼不严格按照程序招投标的原因。

不过，江作礼没想到的是，这次"创收"竟成了他被举报的导火索。

偷工减料、规避招标，终被举报

"你们看看，这座桥最多 7 米长，哪里有 10 米长？那 3 米被谁扒了？"2016 年 11 月，有群众向抚州市委扶贫领域专项巡察小组反映楼前村新建的两座桥未按要求进行招投标，工程未达到合同规定的工程量等问题。在巡察组将线索移交后，金溪县纪委立即组织专案组对线索进行核查。

专案组在县扶贫移民局调取相关资料后，随即赶赴何源镇财政所详细查询楼前村村委会近年来扶贫项目账目明细，并对县扶贫移民局、何源镇、楼前村等相关人员进行谈话核实。通过核查，专案组很快对江作礼近年来在村扶贫项目方面存在的违规违纪问题有了较为全面的了解。

"作为村党支部书记，上级下拨的项目资金主要是我负责管理，我没有按照上级要求做到专款专用，反而将扶贫项目资金中一部分用于村委会其他开支，违反了纪律。"在大量证据面前，江作礼一五一十交代了自己的违纪问题。

最终，专案组以交办线索为突破口，查明了江作礼在担任楼前村党支部书记期间除不按照程序进行扶贫项目招投标外，还挥霍浪费 19 万余元（包括以虚报冒领等方式截留的 16.76 万余元扶贫项目资金）公共财产的问题。

2017 年 2 月 20 日，经该县纪委常委会研究，决定给予江作礼撤销党内职务处分。

纵有理由千万条，越线破纪必受罚

——江西省萍乡市湘东区东桥镇敬老院原院长
邓瑜虚报套取截留扶贫款问题剖析

"我悔恨，一年多来，就没睡个踏实觉；我糊涂，自作聪明，不想事情的后果，现在后悔也来不及了……"她曾任村委会主任、村党支部书记等职务10年，在"空壳村"摸爬滚打，也不曾掉眼泪；在镇敬老院院长岗位上工作14年，办事能力强，做事雷厉风行。"巾帼不让须眉"的她，面对组织的调查，再也止不住悔恨的泪水。她就是江西省萍乡市湘东区东桥镇敬老院原院长邓瑜。

经查，2014—2016年，邓瑜利用职务便利，以敬老院五保户、低保户名义虚报套取国家危房改造补助资金8.9万元挪作他用，虚增虚列敬老院支出2.9万余元用于个人日常开支，截留套取救灾救济款4500元，违规收受礼金、购物卡5500元。2017年1月4日，湘东区纪委给予邓瑜留党察看1年处分，湘东区委免去其职务。

初次违纪为"帮"同事

"两位同志与我一起同甘共苦10年了，一直都是收入微薄，现在有政策了，不能又留下遗憾啊。"邓瑜违纪的初始，是在怜惜同事和敬畏纪律的痛苦挣扎中，反复说服自己的。

2014年，江西省实施未参保城镇小集体职工纳入企业职工养老保险政策，东桥镇敬老院职工廖某、段某属于政策对象。可是享受政策需补缴多年的社保款，其中个人负担部分两人共计 8 万元。廖某、段某向邓瑜提出实在凑不够钱了，缺口 2 万元，希望单位帮助解决。面对同事的请求，邓瑜犹豫不决，但是不能再留遗憾的说辞，最终让邓瑜突破法纪底线，亲自上阵。2014 年下半年，邓瑜以敬老院低保户文某的名义向上级申请农村危房改造补助资金 2 万元。资金到账后，邓瑜将 2 万元拿给廖某、段某，用于 2 人缴纳应由个人负担部分的社保款，慷国家之慨圆了两位同事的养老梦。

这次违纪，邓瑜这样安慰自己：这是"帮"同事，做"好事"，只要自己不拿，应该没事。

越陷越深故伎重施

正是这次"得来全不费工夫"，让邓瑜私心膨胀。她觉得，自己一心扑在工作上，耗费了人生最美好的时光，但到头来什么都没得到，而自己身边人一个个都过上了"土豪"日子，她心里不平衡了。"特别是快要退休了，更是有种失落感，院里的五保户、低保户都让我侍候得美滋滋的，而我这个'大当家'，日子却过得紧巴巴的。"邓瑜说。

院里孤寡老人自理能力差，好多事项都由院里全权代办，他们的身份证、户口簿、"一卡通"存折等重要证件，都存放在院里。加上都是低保户、五保户等特殊贫困家庭，用他们的名义去申请危房改造补助资金，看起来"符合要求"。2015 年 3 月，邓瑜故伎重施，利用职务便利，以敬老院低保户汤某、骆某名义，在明知不符合条件的情况下，向上级申领农村危房改造补助资金 2.3 万元，全部用于自家蔬菜基地的房屋修缮。

2015 年下半年，更大胆的邓瑜，同样以敬老院五保户、低保户的名义虚报危房改造建房补助 2 户、危房改造损房补助 2 户，共套取了 4.6 万元危房改造补助资金用于敬老院其他日常支出。

防线崩溃欲罢不能

"敬老院是在做非营利民生事业，但是在我的经营下，争取到各类资金倾斜，才算运转得'风生水起'。"邓瑜有这个能力，可是她争取资金，却并不完全为了敬老院的事业，还为了自己的利益。

2016年2月，湘东区人民医院赞助东桥镇敬老院慰问物资款6000元，该款到账后，邓瑜从中截取了2000元。民政部门拨付敬老院的救济资金，邓瑜一律要"薅一把羊毛"。市民政局拨付的1万元补助资金，邓瑜截留了2000元；区民政局拨付的救济资金，她又截留了500元。据邓瑜交代，她还存在收受礼金、购物卡5500元和虚列敬老院支出29677元用于个人日常开支的行为。

从"帮"同事，到弥补"失落感"，再到经手的救灾救济款都"雁过拔毛"，她的纪律防线已经彻底崩溃，变得贪婪而肆无忌惮。

"我辜负了组织的信任，给组织抹了黑。"直到2016年5月，在湘东区开展农村危房改造补助资金专项整治活动的自查自纠阶段，邓瑜才意识到问题的严重性，主动向组织交代了违规虚报套取危改资金挪作他用等问题，主动退回个人违纪所得。

这些昧心账一笔也抹不掉

——山东省菏泽市定陶区秦王楼村党支部原书记、村委会原主任王现明严重违纪问题剖析

"王现明因虚报套取国家扶贫资金被撤销村党支部书记和村委会主任职务……"山东省菏泽市定陶县（定陶县 2016 年 5 月撤县设区——编者注）冉堌镇秦王楼村村民听到这个喜讯奔走相告。时至今日，村民说起这事依然兴奋不已。

早在 2016 年 3 月，定陶县纪委对时任秦王楼村党支部书记、村委会主任王现明涉嫌虚报套取国家扶贫资金、违规收取扶贫户保证金问题立案审查。

经查，2015 年 12 月，王现明通过虚开发票方式，套取国家扶贫资金 14.42 万元，计划用于偿还修路等欠款。上述款项连同违规收取扶贫户保证金共计 18.1 万元，至案发时存放于其个人账户，未按规定入账。王现明受到撤销党内职务处分，并被罢免村委会主任职务，违纪款被收缴，退还扶贫户保证金。

拆东补西，扶贫款上生邪念

2014 年 4 月，秦王楼村根据相关扶贫文件，制定了本村财政专项扶贫开发项目实施方案，确定以购买小尾寒羊方式扶持本村贫困户养殖脱贫，并向群众进行了公示。2015 年 8 月，冉堌镇将该笔 26 万元国家扶贫专款拨付到了该村。

扶贫专款到位后，在没有公开招标、没有村"两委"其他成员及村民代表、党员代表见证的情况下，王现明和购羊中介一行几人前往济宁市某合作社购买小尾寒羊 182 只，实际购羊花费 9.4 万元，但该合作社开具的购羊发票金额却为 23.82 万元，王现明将该发票入村账。

套取出的 14.42 万元干什么？王现明心中却有一番打算。

原来，2014 年底该镇向县里申请奖补资金，其中包括秦王楼村修路款 15 万元。2015 年 6 月村里开"两委"会要求 6 个村民小组长先自行筹集资金修路，许诺上级资金拨下来后就还给村民小组。村里的路修好后，县里的奖补资金也没到位，村里没钱给村民小组兑现，王现明打算用套取的钱还各村民小组的修路欠款。至案发之日，该笔款项一直存放于王现明个人的银行账户中未使用。

虚报套取扶贫资金的行为严重违反党纪，王现明心中不可能不清楚，然而却一意孤行，将党规党纪视作儿戏。秦王楼村在国家扶贫工作中越轨出界，王现明负有不可推卸的责任。

巧立名目，违规收取保证金

根据村里的扶贫方案，该批 182 只小尾寒羊应无偿分配给村内贫困户，但到具体执行的时候却有了变化，村委会要求，贫困户领取扶贫羊每只需缴纳 200 元的保证金。由于贫困户报名的户数不够，还剩一部分羊没有分配下去。随后秦王楼村召开群众代表会，让非贫困户也参与扶贫羊的分配养殖。

经县纪委调查，分得扶贫羊的 52 户村民中，贫困户有 18 户，非贫困户有 34 户，违规收取保证金 3.68 万元，这笔钱存放于王现明个人账户，也没有及时入村账。

"为了防止贫困户领到羊后直接卖掉，我村召开村委会、群众代表会研究此事，最终决定由贫困户向村里缴纳保证金，待羊养殖一段时间生下小羊羔后，交给村里一只，村里退还群众保证金。村委会收到羊羔之后，再将羊羔继续分配给其他需要养殖羊的群众。"当问及为何收取保证金时，王现明这样辩解道。

王现明作为村党支部书记、村委会主任，一手导演了收取保证金的丑剧，又擅自扩大扶贫羊发放范围，弄虚作假、欺上瞒下，严重违反党规党纪。然而纸终究包不住火，昧良心的账群众会给他一笔一笔记在心中，终将成为定性量纪的筹码。

独断专行，村级民主走了样

王现明在任村党支部书记、村委会主任的十几年间，前期老实本分、务实肯干，工作业绩突出，为秦王楼村也做了不少好事。随着群众威望的不断升高，"王书记"的脾气越来越大，由于村级民主缺乏监督，更滋长了他用权任性，直至变得独断专行，无视党纪，屡次违反纪律，最终被查。在处分决定书前，曾经飞扬跋扈的王现明尝到了自种的苦果，再也没有了往日的风采……

细究王现明的违纪之路，党纪观念淡薄、民主监督缺位、决策独断专行是问题产生的根源，手中权力没有了约束，心中没有了戒惧，行为便像脱缰野马，冲破纪律红线将自己带入违纪之路。

"他一个人当家惯了，这些事情都是他自己做主。他拍了板，谁还敢提不同意见呢？"提起王现明，一位村干部如是说。

"从擅自购买发放扶贫羊、虚开发票套取资金到违规收取保证金，整个过程中王现明民主观念淡薄，缺乏民主管村理事意识，重大问题不经村委会和村民大会讨论决策，搞'一言堂'，我行我素，致使村级民主形同虚设，村民监督流于形式。如果党支部会、村民大会、村民理财小组能够发挥应有作用，对少数决策者形成有效制约，违纪行为将难以滋长。"区纪委第三纪检监察室主任王振林分析说。

"我村套取国家扶贫资金的行为给国家造成了经济损失，在社会上造成不良影响。我对此负有直接责任，一定改正错误，积极配合组织调查，愿意接受组织处理。"在经过思想斗争和组织教育之后，王现明终于迷途知返，积极上缴套取的扶贫资金，最大限度地减少了国家损失。

黑手伸向补助金

——山西省运城市盐湖区泓芝驿镇原民政员谢志杰违纪问题剖析

2015年6月，因为多次收受民政救助对象现金共计2.075万元、私设小金库、对抗组织调查等违纪问题，山西省运城市盐湖区泓芝驿镇原民政员谢志杰被开除党籍、行政撤职，并调离民政工作岗位。

作为一个国家公务员，一个专门为基层困难群众办理民政救助手续的党员干部，谢志杰置群众利益于不顾、大肆收受困难群众钱财，且在党的十八大之后，依然不收敛、不收手，造成恶劣影响。

多少不拒，大小通吃

谢志杰出生于1975年，1997年通过山西省公务员考试被录用为公务员，正当年富力强、前途美好的年华，却因为自己的贪婪自毁前程。

2014年2月至2015年5月，他负责民政工作一年多时间，就借为9户群众办理"大病救助"手续之机，先后10次收受救助对象现金1.54万元；借为5户群众办理低保手续之机，先后7次收受低保户4950元；借为2户群众办理临时救助和孤儿生活保障手续之机，先后2次收受救助对象现金400元。

即使面对的是生活拮据、家有重病亲人和孤儿的困难群众，谢志杰仍然一次又一次地向他们伸出了贪婪之手，可以说是雁过拔毛，多少不拒，大小通吃。

细究之下，执纪人员发现他这样做的想法有三：一是我手中有权，你求我办事，出点"辛苦费"理所应当；二是我为你办事，收点"办事费"合情合理；三是此事你情我愿，天知地知，收点钱财也无妨。

只想自己捞好处

担任民政员仅仅一年多时间，谢志杰就多次收受被救助困难群众的钱财累计达 2.075 万元，多者三五千元，少则一二百元。再看看那些被救助对象，家里有亲人患了白血病、癌症等，他们为给家人治病，东挪西凑、四处借债，几乎已倾其所有，但是为了得到那为数不多的救助金、救济款，他们纵然心里万分不想、不愿，仍然忍痛从救助款中，拿出所谓的"办事费"、"辛苦费"送给谢志杰。那些钱，尽管数量不大，可全都是"救命钱"啊！

案子查结后，当区纪委执纪人员和镇领导把谢志杰收受的钱还给那些救助对象时，他们除了感激还是感激，说起给谢志杰送钱的感受时，可以看出，他们心中有愧疚，更有无奈。

谢志杰平时总是把服务群众的口号挂在嘴上，可是在工作中，早把群众抛之脑后，只想着如何借机为自己谋取好处、捞点实惠。比如，他为一户村民办理低保手续后，让其家人每月从全家 900 元的低保金中拿出450 元送给他，第三个月不能马上取出钱给他时，竟要求其从别人家借来钱给他！哪还有半点服务群众的意识？

监管缺失，贪婪之行频发

谢志杰负责镇民政工作期间，将近 20 次收受救助对象现金，在如此短的时间内，接二连三地收受被救助群众的钱财，镇党委、政府、民政部门、分管领导竟然全都不知情，无人把关、无人监督，致使谢志杰的违纪行为一而再、再而三地发生。相关部门教育、监管不力，是谢志杰案等发生在群众身边的腐败问题屡禁不止的重要原因之一。

　　该案警示我们，加强对基层党员干部教育刻不容缓。既要加强理想信念和权力观、利益观、群众观的正面教育引导，也要运用反面典型特别是当地新近查处的典型案例进行警示教育，用身边案教育身边人。同时，必须形成有效管用的监管机制，落实好乡镇党委的主体责任和纪委的监督责任。

扎紧铁笼子，露出"袁百万"

——北京市延庆县旧县镇经济经营管理中心原主任
袁学勤挪用公款、贪污、受贿案剖析

袁学勤，曾任北京市延庆县旧县镇农村财务服务中心负责人、农经站站长、农村经济经营管理中心主任，中共党员，大专文化，案发时44岁。

经查，袁学勤从2008年至2014年，在6年多的时间里，数十次挪用公款2400多万元归个人使用或转借给他人，并从中收受好处费68万余元。其间，袁学勤还利用职务之便，贪污公款12万余元。近日，延庆县旧县镇农村经济经营管理中心原主任袁学勤因挪用公款、贪污、受贿等，一审被判处有期徒刑22年。

作为一名基层干部，袁学勤何以挪用如此巨额的公款，又是怎样露出"马脚"，最终自掘坟墓的呢？

"篱笆扎不紧，狐狸钻得进"

2008年之前，延庆县村级资金相对较少，账上没什么钱。但是作为乡镇农村财务服务中心的负责人，袁学勤就已经开始盯上公款，只不过那时是小打小闹、即挪即补，没有被发现。

2008年之后，随着国家支农、惠农政策的实施，村集体的资金量越来越大，村级账户上的钱也越来越多，习惯了把公款挪来挪去的袁学勤，

胆子也越来越大，逐渐开始走向疯狂。

袁学勤案件中，董某是关键人物。董某与袁学勤是老乡，他屡次找到袁学勤借钱做生意。袁学勤利用自己的职务便利，指使旧县镇农村财务服务中心出纳，于 2009 年分 3 次将 290 万元公款划入董某经营的饭馆账户，供其经商使用。

生意做完后，董某将袁学勤挪用的 290 万元公款全部归还。袁学勤看到他守信用，于是又在 2010 年 8 月和 2011 年 3 月分 2 次将 1000 万元公款划到董某饭馆账户。董某得到上述款项后，借给他人用于营利活动。几个月后，董某又将借款归还。

2010 年的时候，房价一路飙升，董袁二人从中看到了商机，两人密谋后，袁学勤安排将 200 万元公款划入董某饭馆账户。之后，两人在昌平区回龙观购买了 3 套房子，其中袁学勤得到 2 套。截至案发时，其挪用的公款 200 万元，还有 120 万元没有还上。

纵观袁学勤案，仅挪用到董某一人身上的公款就达 1200 多万元，占到其挪用公款总数的一多半，并且还是连续 6 次，这个过程中，袁学勤还心安理得地收受了董某奉上的好处费。

数额如此之大、次数如此之多，表明袁学勤已将用于村级发展、农民致富的公款，当成了自家私有财产，随意处置。其目无规矩、胆大妄为可见一斑。

人们常说："篱笆扎不紧，狐狸钻得进。"袁学勤案的发生，正是制度上的漏洞给了他可乘之机。

从该案看，延庆县村级会计委托代理服务工作存在一些问题。比如，村级财务印鉴管理集中在少数人手中，未按规定分别由多人监管；对账户的网上银行转账业务，缺少必要的风险防控措施；聘用的村级会计与乡镇农村经管部门的财务权责分工不明晰；财务内控机制几近失效，会计与出纳之间未能发挥相互制衡、相互监督的作用。

编织扭曲梦想，催生错位人生

袁学勤一直想发大财，很羡慕有钱人的生活，也希望自己的家人能够过上更体面的生活。有这样的想法本无可厚非，但"致富"心切的袁学勤，没有在正道上想办法，却打起了公款的主意，走上了违纪违法的不归路。

袁学勤自命不凡，总以为凭自己的能力在镇里弄个副镇长干不成问题，不料事与愿违，2008 年的竞选失利，彻底打碎了他的当官梦，这让他十分恼火，甚至扬言："别看今天镇里少了一个副镇长，不出多久，就要出一个千万富翁！"

仕途的受挫，让袁学勤的发财梦变得前所未有的迫切，在他看来，实现梦想，公款是"捷径"。他多次挪用公款借与他人，在朋友圈内有了"袁百万"的称号。身边的朋友都把他当成"财神爷"，纷纷向他借钱，他的发小办了一个奶牛场，找他借钱；他的同学搞运输合作社，也找他借钱。他都很"义气"地挪用公款借给他们，结果借出去的钱有去无回，他的发财梦彻底破灭。

没有空子钻，"硕鼠"现原形

延庆县有 60% 的农业人口，加强农村党风廉政建设是重中之重。党的十八大以来，延庆县委、县纪委针对发现的问题，及时出台《关于违反农村集体"三资"管理相关规定责任追究办法》、《延庆县村级干部廉洁履职"十严禁"》等制度。

特别是在农村财务管理制度方面，延庆县委不断完善相关配套制度，陆续出台《关于进一步规范农村集体资产与财务管理工作意见》等十多项制度，使得农村财务管理越来越严格、越来越规范，大大挤压了"硕鼠"们利用管理漏洞进行违规操作的空间。

正是随着相关制度的不断完善和监管力度的不断加大，袁学勤意识到账户亏空这个问题要暴露了。于是他四处托人跑贷款，想要填上600万元的"大窟窿"。想想自己挪用的公款还没有补上，过去风光无限的袁学勤，此时心有余悸、惶惶不可终日，最终作茧自缚，后悔晚矣。

"手莫伸，伸手必被捉"，袁学勤的落马再次表明，天网恢恢疏而不漏，任何试图钻制度"空子"的行为，终将自食其果。广大党员干部当警醒。

扶贫款竟成个人发财本钱

—— 青海省湟中县共和镇北村村委会
原主任李启全严重违纪问题剖析

2017年1月12日，中央纪委监察部网站通报了青海省四起侵害群众利益的不正之风和腐败问题，其中一起为湟中县共和镇北村村委会原主任李启全违规挪用公款问题。据了解，李启全代为收取北村易地搬迁扶贫项目农户自筹款143万元，私自取出54万元，用于与朋友合伙或借给他人进行营利活动。2016年7月，李启全受到开除党籍处分，违纪款项被追缴，其涉嫌违法问题线索移送司法机关依法处理。

与"大款"对比，他心理逐渐失衡

共和镇北村，一个四面环山、交通不便、信息闭塞的地区，李启全就出生在这个地方。靠勤劳的双手、灵活的头脑，李启全把自己的小日子经营得红红火火。村民们都认为李启全是能带领大家一起致富的人。

2010年7月，李启全加入了中国共产党。2011年3月，在村委会换届选举时，他被选为北村村委会主任。在乡村，村干部就是"火车头"，职责就是带领群众致富，促进生产和发展。任村委会主任头几年里，李启全敢说敢做，敢闯敢干。

2013年，在落实地膜马铃薯项目时，他带好了头，自己租地种植马铃薯50亩，带领群众种植地膜马铃薯300亩，提高了群众的积极性。他还多方协调，争取资金修建了村委会办公室，改善了村基础设施。然而，随着时间推移，他对自己的要求逐渐放松了，经常拿自己与身边的"大款"相比，认为自己收入与贡献不相符，太吃亏了。感到心理失衡后，他产生了消极情绪，工作没了以前的热情，发财成了他唯一的目标。

为了发财，铤而走险挪用搬迁款

村民直选的村委会主任本应扮演好村里"当家人"的角色，然而时间长了，"当家人"李启全开始骄傲自大起来，他把村民对他的信任当作服从，"村里事情我做主"的观念在他脑中占据了主导地位。

2013 年，县扶贫办在北村实施了"易地搬迁扶贫项目"，李启全作为村主任代收搬迁户自筹款并管理资金。拿着收取的 143 万元自筹款时，他心动了。他非常清楚搬迁户自筹款必须专款专用，但贪念战胜理智、私欲冲昏了头脑，他认为短时间挪用公款事后及时补上，就不会有任何问题，于是便铤而走险，于同年 4 月分两次从收取的自筹搬迁款中取出 27 万元、8 万元，用于与朋友合伙购买草山，进行虫草采挖经营活动。同年 5 月，又挪用 13 万元借给朋友，用于虫草采挖经营活动。同年 6 月，再次挪用 6 万元用于虫草购买活动。

2014 年 4 月 18 日，李启全向湟中县住房保障和建设局易地搬迁项目专用账户转入收取的农户自筹搬迁款 129 万元，以上挪用 54 万元中的 14 万元未能上缴。案发后，迫于压力，他将挪用的 14 万元交至湟中县人民检察院。

基层党员干部纪法教育不可荒

李启全在协助政府收取并管理村民自筹搬迁款期间，私自挪用资金进行营利活动，违反了国家法律法规。2015 年 12 月 16 日，西宁市中级人民法院以挪用公款罪，判处李启全有期徒刑 2 年 6 个月，缓刑 3 年。共和镇党委给予李启全开除党籍处分。

此事在当地群众中引起了很大反响，一方面群众看到了党纪国法的严肃性和党中央惩治基层腐败的决心，另一方面也对李启全深感惋惜。如果他在任村干部期间能时时不忘自律，加强自身修养，也不至于走上违纪违法的道路。

针对李启全一案，湟中县纪委相关负责人认为，要进一步强化农村干部"私心不可动，黑手不能伸"的意识，加强纪律和法律教育，让村干部知法、懂法、自觉守法。同时，要建立起农村基层党员干部教育长效机制，丰富村干部接受教育的载体，开展符合当地村情民意的教育活动，树立为民服务的责任意识，坚守公私分明的基本原则，让村干部抵得住诱惑，管得住小节，筑牢"损公肥私不可为"的思想防线。要抓好警示教育，通过身边典型案例，以案释纪，以案释法，使村干部时刻保持清醒的头脑，提高遵纪守法的自觉性。

责任编辑：李之美

图书在版编目（CIP）数据

强化监督执纪　保障精准扶贫：全国扶贫领域腐败案件警示录/国务院扶贫
　　开发领导小组办公室,中国纪检监察报社 编. —北京:人民出版社,2017.7
ISBN 978-7-01-017938-4

Ⅰ.①强… Ⅱ.①国…②中… Ⅲ.①扶贫-廉政建设-案件-中国
Ⅳ.①D630.9

中国版本图书馆 CIP 数据核字（2017）第 165908 号

强化监督执纪　保障精准扶贫
QIANGHUA JIANDU ZHIJI BAOZHANG JINGZHUN FUPIN
——全国扶贫领域腐败案件警示录

国务院扶贫开发领导小组办公室
中国纪检监察报社　　编

人民出版社 出版发行
（100706　北京市东城区隆福寺街 99 号）

北京汇林印务有限公司印刷　新华书店经销
2017 年 7 月第 1 版　2017 年 7 月北京第 1 次印刷
开本:710 毫米×1000 毫米 1/16　印张:15.75　字数:230 千字

ISBN 978-7-01-017938-4　定价:32.00 元

邮购地址 100706　北京市东城区隆福寺街 99 号
人民东方图书销售中心　电话（010）65250042　65289539